権力と支配

マックス・ウェーバー
濱嶋　朗 訳

はしがき

およそ社会科学の研究をこころざす者ならば、だれでもいちどはかならずウェーバーの門をくぐらなければならない。それほど、かれは多種多様な研究分野に立ちはだかる巨匠であり、とくにわが国では、ブルジョア社会科学の雄として、つねにマルクスと対比され、問題とされてきた。

理念型、理解的方法、没価値性といった、社会科学的認識の客観性をめぐる方法論上の諸問題はいうまでもなく、宗教と経済（より正しくは、宗教倫理と経済倫理）との交互作用を実証的に究明した多彩な宗教社会学的研究（とくにいわゆる資本主義精神論）をみれば、そのことはあきらかであろう。

しかし、ウェーバーの理解にとって重要なのは、社会科学方法論そのものではなくて、むしろその実質的な研究を読みこんでゆくことにある。というのは、かれの問題意識は、周知のように、近代西欧文明の社会構造とその動学の究明にあり、近代へいたる徹底的合理化過程を、いわゆる理念型的操作によって歴史的にあとづけ、近代西欧社会の歴史的個体としての特質をあきらかにすることにあったからであり、方法論はその手段であったにすぎないからである。

このような合理化過程の追求は、あの資本主義精神論によって典型的に代表されているし、古今東西にわたる世界宗教の経済倫理をとりあつかった一連の宗教社会学的研究は、その意味では、たしかにウェーバーの実質的な学問的業績の最高峰をしめすものといえる。

しかし、ここで強調しておかなければならないのは、それがウェーバーのすべてではない、ということである。最近、客観的可能性を現実化する主体の創造的行為、とりわけカリスマ（ひいてはエートス）の革新力としての意義を重くみ、そこから変革の論理をさぐろうとする注目すべき動きが有力になりつつあるが、ウェーバーの宗教社会学の枠内で、歴史のダイナミズムをこの種の変革の論理から理解するだけでは不十分であるにちがいない。

それというのも、カリスマ（ないしエートス）による人間そのものの内がわからの変革が、ついには外部秩序の変革をもたらす可能性をもっているにせよ、初期の産業資本段階ではともかく、徹底的な合理化がおこなわれた現代社会の巨大な機構のもとでは、そうした革新力はかならずしも期待しがたいからである。いわゆる機械的化石化とマス化の現象にあらわされる人間疎外の問題をどう克服してゆくか、は依然として未解決の問題なのである。

むしろ、カリスマの革新力や人間疎外の問題もふくめて、宗教よりもずっと現実的な重みをもつ政治権力や政治支配、およびそれと経済との関係に眼をそそがなければならない。というのは、ウェーバー社会学の本領は、大著『経済と社会』、それも政治または支配の社会学にある、と考えられるからである。

『経済と社会』は、古今東西にわたる経済・法・政治・歴史・宗教などの広汎な領域にまたがる、厖大《ぼうだい》な歴史社会学的研究の集大成なのであり、ここでも、合理化過程へのあくなき追求を導線とし、支配関係を枢軸としつつ、世界史的規模にわたる社会制度または社会構造を比較類型化的に把握して、とくに支配現象の相互関連や発展の方向を理解しようとする精力的な努力がはらわれており、まことに驚歎にあたいする業績だといわなければならない。

社会科学にたいするウェーバーの実質的寄与はなにか、と問われるならば、訳者は、まえにあげた宗教社会学的研究とともに、いやそれ以上に、この『経済と社会』、とくに、そこにおさめられた支配の比較制度的社会学――政治社会学といってもよい――をあげるのをためらわないであろう。

ウェーバーの支配社会学ないしは政治社会学は、支配・服従の関係を枢軸として社会構造を分析し、またそれを介して、各文化領域の特質をえぐりだすとともに、支配構造や、ひいては行政機構の特質、また、その制約をうけた社会秩序、生活様式、生活態度などの経済外的諸条件が、経済にどのような影響をおよぼすかを意識的に追求することを基調としている。そのばあい、支配構造の性格やそのダイナミックスを左右するものは、この支配構造をささえる人間の態度のほかに、支配者と被支配者、とくに首長と行政幹部との関係であり、また、行政手段が専有される仕方や行政手段の調達方式にほかならなかった、といってよい。そうした意味では、マルクス主義とは原理的に対立するアプローチであった。

ウェーバーの支配社会学または政治社会学の概要をここで展望する必要はないであろう。それは、本文のなかに集約的にのべられている。あの有名な支配の三類型――合法的・伝統的・カリスマ的支配については、すでに学界の共有財産になっているし、とりわけ官僚制論は、組織論や大衆社会論の原型をなすほど、古典的でしかも現代的な意義をもっている。また、この官僚制論の延長線上にある社会主義論は、ウェーバーのブルジョア・イデオローグとしての面目を如実にしめしている点で、興味深いものがある。

ウェーバーの支配社会学ないしは政治社会学を一貫する把握観点または問題意識は、合理化と官僚制化への全般的趨勢ということであるが、しかし忘れてならないのは、このような合理化や官僚制化を時代の大勢としてみとめながら、しかもなお、伝統的な要素やとりわけカリスマ的要素がこれと交錯しつつ、反革命的な力と革命的な力、日常的な力と非日常的な力とがたがいに衝突し、拮抗《きっこう》し、相互に滲透《しんとう》しあって、この合理化や官僚制化の方向に特殊な烙印《らくいん》をおしつけるところに、人間のになう歴史の現実や歴史のダイナミズムをみてとっている、ということである。

ウェーバーの社会学の独自性は、かつてレヴィットがいったように、市民的資本主義経済やとくに合理的官僚制を手引きとして、近代社会におけるこんにちの人間の批判的分析を提出した点にあることはたしかであろう。近代社会の構造を形式合理的原理に立脚する官僚制社会だとみなしたこと、近代生活の主要な局面を支配する公的・私的官僚制の宿命的不可避性を強調したこと、しかも、それを克服する途をしめさずに、現状への埋没を説くにおわったことなどについては、いろいろと批判の余地もあることであろう。けれども、ウェーバーの予見した大衆社会的問題状況がひろく深く滲透しているこんにち、かれの業績のもつ現代的意義と、その限界をはっきりみきわめ、それではどうしたらよいかを探究することが、われわれ現代に生をうける者の責務である、と考えられるのではないだろうか。

おわりに、この訳書の生いたちについてふれておこう。本書の原型は、すでに一昔あまりまえの一九五四年に、前掲の『経済と社会』(Max Weber, Wirtschaft und Gesellschaft, Grundriss der Sozialökonomik, III. Abteilung, J. C. B. Mohr, Tübingen, 3. Aufl. 1947) 所収の「支配の諸類型」(Typen der Herrschaft, Erster Teil, Kap. III u. Dritter Teil, Kap. I-VI) および一九一八年にウィーンでおこなった講演「社会主義」(Der Sozialismus, in Gesammelte Aufsätze zur Soziologie und Sozialpolitik, 1924) を収録して、『権力と支配』(みすず書房刊) というタイトルで世にだしたものであるが、このたび、みすず書房のゆるしをえて、有斐閣から刊行することになった。刊行にさいしては、みすず書房版の第二部「支配の諸類型」第一〜五章を削除し、第六章「官僚制」を第II部とし、「社会主義」を付録として加えることにした。そのさい、全体について改訳をおこなったけれども、全面的な改訳をするまでにはいたっていないかもしれない。

原書の第三版以降、ヴィンケルマンによる全面的な改訂版 (Wirtschaft und Gesellschaft, Grundriss der verstehende Soziologie, vierte, neu herausgegebene Auflage, besorgt von Johannes Winckelmann, 1956) がでているが、訳出の経緯か

ら、これにはよらなかった。

なお、本書訳文における（　）内は基本的に原著者ウェーバーによるものである。〔　〕内は基本的に訳者による補足である。

さいごに、本書の出版にさいしては、有斐閣編集部の高嶋勇氏にたいへんなお世話になった。また、本書の出版を快諾された旧訳書の出版社みすず書房の小尾俊人氏にも、いろいろとご迷惑をおかけした。本書の上梓にあたり、両氏に心からお礼を申しのべたいとおもう。

一九六六年九月

濱嶋　朗

※付録の講演録「社会主義」は一九八〇年に講談社学術文庫『社会主義』（濱嶋朗訳・解説）としてさらに訳をあらためて刊行された。本書では当該部分を削除している（編集部注）。

目次

権力と支配

権力と支配

第一部　権力と支配

第一章　正当性の妥当

〔1〕支配の定義、条件および種類。正当性

「支配」というのは、挙示しうる一群の人びとを特定の（またはすべての）命令に服従させるチャンス[1]のことである、と定義風にいっておく（『経済と社会』第一章第一六節）。それだから、「勢力」や「影響力」を他の人びとにおよぼすチャンスであれば、どのような種類のものでも支配であるということにはならない。こうした意味での支配（「権威」）は、個々のばあいに千差万別な服従の動機にもとづくことがありうる。つまり、この動機は、無反省なしきたりからはじまって、純粋に目的合理的な打算にまでわたっている。一定最小限の服従意欲、したがって、服従への（外的または内的な）利害関心こそは、あらゆる真正の支配関係のめやすなのである。

どの支配も、経済的手段を用いるとはかぎらない。まして、支配というものが、す

べて経済上の目的をもつばあいは、はるかにすくない。しかし、多数の人びとにたいする支配は、どのようなものでも、通常(かならずしも絶対に、つねに、というのではないが)、人間の幹部を必要とする[2]これについては『経済と社会』第一章第一二節をみよ)。つまり、忠実に服従する一定数の人びとが、とくにその支配の一般的指令や具体的命令の遂行をめざして行動するという、(普通のばあい)確実なチャンスがなければならない。この行政幹部は、まったく慣習的にか情緒的に、あるいは物質上の利害関係とか観念上の動機から(価値合理的に)、一人(またはそれ以上)の首長にたいし服従の義務を負わされることがあろう。こうした動機の種類が、かなりの程度、支配の類型を決定するのである。首長と行政幹部とをむすびつけるものが、純粋に物質的また目的合理的な動機だけであるならば、どのばあいにも、支配関係は比較的に不安定な存続をしめすにすぎない。普通には、他の——情緒的あるいは価値合理的な——動機がそれにつけ加わる。日常を絶したばあいには、これのみが決定的な力をもつかもしれない。日常茶飯の生活では、慣習やそのほかに物質的・目的合理的な利害が、他の諸関係と同じくこの関係を左右する。けれども、慣習とか利害状況だけでは、支配の確実な基礎をなしえないにちがいない。その点、純粋に情緒的または価値合理的な結合の動機とても、同日の論であろう。ほかにもうひとつの要素、つまり正当性の信念が、それらにつけ加わるのが普通である。あらゆる経験から推して、どのような支配も、それが存続するチャンスとして、たんに物質的またはたんに情緒的な、あるいはたんに価値合理的な動機だけで、あまんじて満足するものではない。それどころか、あらゆる支配は、その「正当性」への信念をよびおこし、育成しようと求めてやまない。だが、どんな種類の正当性が要求されるかによって、服従の類型や、この服従を保証することに定められた行政幹部の類型、および支配行使の性格は、根本的にことなってくる。それとともに、それらのおよぼす影響も、まったくことなってくるわけである。それだから、支配の種類を、それに典型的な正当性の要求にもとづいて区別するのが、目的にかなっている。ここでは便宜上、近代的事情、したがって周知の事情から、出発することにしよう。

(1) われわれはこうした区分から出発し、ほかの出発点をえらばなかったが、このことが正しいか正しくないかは、結果から判断できるだけである。そのばあいさしあたり、あるほかの典型的な区分の標識があとまわしにされ、あとになってようやくつけ加えられるかもしれないが、これは別に決定的な難点ではないであろう。ある支配の「正当性」は——それが所有の正当性とひじょうにはっきりしたつながりをもつ、という理由からだけでも——たんに「観念的」というだけではすまされない意義をもっている。

⑵ 因習的にか法的にか保証された「要求」であれば、どのようなものでも支配関係であるということにはならない。そうでないなら、労働者は、賃金を要求する範囲内で、雇主を「支配」することとなろう。というのは、執行吏の請求によって、雇主は、労働者のいうなりにならざるをえないからである。ところがじっさいには、労働者は形式上、給付をうけとる「権利を与えられた」、雇主の取引相手なのである、他方、支配関係が形式上は自由な契約を介して成立したからといって、このことはもちろん、支配関係という概念を排除するものではない。就業規則や作業命令にあらわされているような、労働者にたいする雇主の支配や、自由に授封関係に立ちいる従臣にたいする封主の支配についても、それと同様である。服従が軍事的規律のゆえに形式上「強制的」であり、また、工場規律のゆえに形式上「自由意志的」であるということは、工場規律も一つの支配のもとへの屈服であるという事実を、なんら変更するものではない。官僚の地位も契約を介してひきうけられるのであり、解雇することも可能である。「臣従」関係とても、自由意志的にとりむすばれ、（ある制限内で）解消されるのである、奴隷にあってはじめて、絶対的他律性が存在する。とはいえ、他方では、独占的地位の結果として生じた経済的「勢力」、すなわちこのばあいには、交換の相手方に条件を「押しつけ」る可能性は、ただそのことだけでは「支配」とよばれるべき筋合いのものではない。このことは、あるほかの「影響力」、たとえば性的魅力の点ですぐれるとか、運動

競技または弁論その他の点で優越している結果として生じた「影響力」についても同様である。ある大銀行が他の銀行に「条件カルテル」への加入を強制する地位にあるばあいに、これをもってただちに、「支配」とみなすべきではない。すなわち、大銀行の幹部の発する命令が、そのままの形で遵守されるような要求とチャンスをもたらし、この命令の遂行が統制されるといったぐあいに、直接的服従関係が仕組まれていないかぎり、それは支配ではないのである。いずれのばあいでもそうであるが、このばあいにもいうまでもなく、推移は漸次的・流動的なのであって、債務から債務による隷属にいたるまでには、あらゆる中間的段階がみとめられる。また、ある「サロン」のもつ地位は、権威主義的な権力的地位とぎりぎりのところまで接近するかもしれないが、しかもなお、「支配」であるとはかぎらない。じっさいには、厳密に区別することはまま不可能であるが、それだからこそ、明確な概念がいよいよもって必要になるのである。

(3) いうまでもなく、ある支配の「正当性」は、それにたいしていちじるしい程度しかるべき態度がとられ、また、じっさいにそうとりあつかわれるような、チャンスとしてのみ、みなされる必要がある。支配にたいするすべての服従が、すぐれて（あるいは、それほどでなくても、とにかく）このような信念にのっとっている、などということは、どうみても事実に相違する。服従は、個人とか集団全体によって、まったく日和見的な理由からうわべだけとりつくろわれ、自己の物質的利害からじっさいにおこなわれ、個人的な弱みや頼りなさからやむをえず甘受されるのかもしれない。しかし、このことは、支配を分類するうえで、さして重要ではない、むしろ重要なのは、支配に固有な正当性の要求が、その性質上かなりの程度「妥当」し、支配の存立の基礎をかため、支配手段をえらぶ仕方を決定しもする、ということなのである。さらに支配は——これは、じっさいによくあることだが——被支配者にたいする首長とその行政幹部（護衛兵、（古代ローマの）近衛兵、「赤」衛隊または「白」衛隊）との明白な利害の共同をつうじ、また、被支配者の無防備によって、完全に保証されるようになる。その結果、支配は、「正当性」への要求そのものを度外視できるほどである。そのばあいでも、やはり、首長と行政幹部との正当性関係の様態は、かれらのあいだに存在する権威の基礎のいかんによって、すこぶる性質をことにしてくる。それは、支配の構造を決定するうえで、ひじょうに重要である。この点は、のちにあきらかになろう。

(4)「服従」とは、あたかも服従者が命令の内容を命令そのもののために、しかもひとえに形式上の服従関係のゆえに、命令そのものが価値をもつかどうかをみずから詮索することなく、自己の行動の格率としてしまったかのように、服従者の行為が本質として経過するということを、意味することにしておく。

(5) 純心理的には、因果連鎖はまちまちのものでありうる。とりわけ、それは、「暗示」とか「感情移入」であろう。しかし、ここでは、このような区別は、支配の類型構成に役立たない。

(6)もろもろの社会関係や文化現象が、支配によって左右される範囲は、一見したよりも本質上ずっとひろい。たとえば、一般にオーソドクスとされる言葉づかいや書き方の形式を烙印づけるものは、学校でおこなわれる支配にほかならない。政治的に自首的《アウトケファール》な団体[3]の、したがって、その支配者の官房語として機能する方言は、こうしたオーソドクスな言語形式および書式となっており、また、「国民的」分離（たとえば、ドイツからのオランダの分離）をひきおこしたのである。しかし、両親の支配と学校の支配とは、その文化財に（とにかくただ外見上）形式的な影響をおよぼすだけにとどまらず、青年やかくてまた人間の性格を決定するにいたっているのである。

(7)ある団体の統率者や行政幹部が、形式上、被支配者の「奉仕者」であるかのような観を呈するということは、いうまでもなく、「支配」としての性格を否定するなんの証拠にもならない。いわゆる「民主制」の実質的構成要件については、のちほど別に論じよう。権威ある命令権力の最小限、したがってそのかぎりにおいて、「支配」の最小限は、考えられうるほとんどあらゆるばあいに認容されなければならない。

〔2〕　正当的支配の三つの純粋型

正当的支配には三つの純粋型がある。すなわち、それらの正当性の妥当は、主としてつぎのような性格をもつことがある。

①合理的な性格をもつ。つまり、成文化された秩序の合法性、およびこの秩序によって支配をおよぼす権限をあたえられた者の命令権の合法性にたいする信念にもとづく(合法的支配)。——あるいは、

②伝統的な性格をもつ。——古くよりおこなわれてきた伝統の神聖や、それによって権威をあたえられた者の正当性にたいする日常的信念にもとづく(伝統的支配)。——あるいは最後に、

③カリスマ的な性格をもつ。つまり、ある人物およびかれによって啓示されるか制定された秩序のもつ、神聖さとか超人的な力とかあるいは模範的資質への非日常的な帰依にもとづく(カリスマ的支配)。

法規による支配のばあいには、合法的に成文化された没主観的・非人格的秩序にたいして、服従がなされる。また、この秩序によって規定された上司にたいしても服従

がなされるが、それは、かれの指令が形式的な合法性をもつためであり、また、この指令のおよぶ範囲内においてである。伝統的支配のばあいには、伝統によって権威をあたえられ、また伝統に（その範囲内で）拘束された首長の人格にたいし、習慣的なものの領域における恭順のゆえに服従がなされる。カリスマ的支配のばあいには、カリスマ的に資格ある指導者そのものにたいし服従がなされるのであるが、それは、啓示や英雄的行為または模範的資質にたいする人格的信頼によるのであり、また、指導者のこうしたカリスマへの信仰がおこなわれる範囲内においてである。

(1) この区分の有効性は、それがめざした体系化の成果のほどによって証明されうるにすぎない。「カリスマ」（「恩寵《おんちょう》施与」）という概念は、原始キリスト教の用語から借用されたものである。キリスト教的教権制については、ルドルフ・ゾーム[4]の『教会法』は、用語上ではないにしても、事実に即して、この概念をあきらかにした最初のものである。他の人びとは（たとえば、ホル[5]が『宗教的情熱と贖罪《しょくざい》力』のなかで）、そこからある重要な帰結をあきらかにした。だから、この概念は、べつだんことあたらしいものではない。

(2) すぐつぎに吟味するはずの三つの理念型が、一つとして歴史上まったく「純粋に」あらわれるためしがないということは、もちろん、このばあいだけにかぎらず、できるだけ純粋なはっきりした形で概念規定をするさまたげとなるものであってはならない。それにひきつづいて（〔11〕以下）、日常化による純粋カリスマの変化が論究され、こうして、経験的支配形態とのつながりが本質上強められるわけであるが、しかし、そのばあいでさえ、それ〔支配の理念型〕は、「完全無欠の手引き」であるためしはないということが、あらゆる経験的・歴史的な支配現象についてあてはまるのである。〔それにしてもかかわらず〕社会学的類型学は、それこそ経験的・歴史的研究にたいし、往々にしてなかなか軽視しがたい利点を提供してくれる。すなわち、それは、ある個々の支配形態について、なにが「カリスマ的」、「世襲カリスマ的」〔10〕、〔11〕、「官職カリスマ的」、「家父長制的」〔7〕、「官僚制的」〔4〕、「身分制的」等々であるか、それとも、この類型に近づくのかということを指示し、しかも、そのさい、この作業がまったく一義的な概念を用いてなされる、という利点を提供してくれるのである。歴史的現実の総体が、以下に展開される概念図式のうちに、ことごとく「網羅」されるなどと信じることは、ここでは可能でもなければ、考えようともしないことなのである。

第二章　官僚制的行政幹部をそなえた合法的支配

はじめに：ここではわざわざ、あとで他の形態をそれと対照させることができるように、特殊近代的な行政形態を手はじめにみてゆく。

〔3〕合法的支配
――官僚制的行政幹部による純粋型

合法的支配は、つぎのような相互に関連しあう観念のもつ妥当性にもとづいている。

(1) 任意の法が約定または欽定によって合理的に、つまり、目的合理的または価値合理的な（あるいは双方の）志向をもって制定され、すくなくとも団体の成員による遵守を要求し、おおむねまた、団体の勢力範囲内で（地域団体のばあいには、地域の内部で）、団体の秩序が重要であるとみなす一定の社会関係に立つか、あるいは社会的に行為する人びとによって、遵守されるよう要求できるということ、——

(2)あらゆる法は、その本質上、抽象的な、通常のばあいには、意図的に制定された規則の体系《コスモス》であり、司法は、この規則を個々のケースに適用することであり、また、行政は、団体秩序のあらかじめ定める利害を合理的に育成することであり、それは法規の定めるところにしたがい、かつまた、団体秩序において是とされ、すくなくとも非とされない、一般的に明示しうる原則にしたがってなされるものであるということ、——

(3)こうして、典型的な合法的首長である「上司」も、指令を発し、それゆえ命令を下す過程で、かれの指令がそれにのっとる非人格的秩序にたいし、逆に自分自身も服従するということ、——

　このことは、「官僚」ではない合法的首長、たとえば選出された大統領についてもあてはまる。

(4)服従者は——よくいわれるように——ただ同輩として、また「法にたいして」だけ、服従するにすぎないということ。

　結社成員、自治体成員、教会成員として、国家では市民として。

(5)第(3)の点にしたがって、団体成員は、首長に服従するとはいうものの、かれの人格に服従するのではなく、あの非人格的秩序に服従するのであり、それゆえ、この秩序が首長にふりあてる、合理的な限定をうけた没主観的管轄権の範囲内でだけ、服従の義務を負うものである、という観念がひろくおこなわれる。

このように、合理的支配の基本的諸範疇はつぎのとおりである。

すなわち、それは、

(1)持続的な、規則に拘束された公務の運営であり、この運営は、

(2)権限(管轄権)の範囲内でおこなわれる。この権限は、(a)作業の配分により没主観的に区画づけられた作業義務の範囲を意味し、——(b)おそらくはそれに必要な命令権力を賦与され、(c)ばあいによっては、この命令権力に許容された強制手段を明確に限定され、また、この強制手段を適用する諸前提をも明確に限定されている。

このように整序された経営を、「官庁」とよんでおこう。

この意味での「官庁」は、いうまでもなく、「国家」や「教会」におけるのとまったく同様に、大規模な私経営、政党、軍隊のうちにも存在する。選出された大統領(または内閣閣僚とか選出された「人民委員」の合議体)も、この用語の意味における官庁である。けれども、これらの範疇は、いまはまだ問題としない。すべての官庁は、同じ意

味においてで「命令権力」をもつわけではない。しかし、この区分は、ここでは問わないこととする。

(3) さらに、官職階層制の原則がつけ加わる。官職階層制というのは、下級官庁から上級官庁へ上告または訴願する権利をともなう、それぞれの官庁にたいする明確な統制官庁および監督官庁の秩序にほかならない。そのさい、苦情処理機関が、修正を要すべき指令自体を「正しい」指令によっておきかえるか、それとも、これを苦情の対象となっている従属官庁に委任するかどうか、もしするとすればどういうばあいにするのか、という問題が規制される仕方は、まちまちである。

(4) それにもとづいて処理がなされる「規則」は、(a)技術的規則であるか、──(b)規範であろう。いずれのばあいにも、それをまったく合理的に適用するには、専門的訓練が必要である。したがって、通例、専門的訓練の効果のほどを立証する人びとだけが、ある団体の行政幹部に参加する資格をあたえられ、また、かような人びとだけが、官僚として任用される権利をもつのである。「官僚」は、合理的諸団体の典型的な行政幹部を形づくるのであって、それは、これらの団体が政治的、教権制的、経済的(とりわけ、資本主義的)、その他のいずれであろうとかまわない。

(5)（合理的なばあいには）行政手段や調達手段からの行政幹部の完全な分離という原則がおこなわれる。行政幹部にぞくする官僚、職員、労働者は、物的な行政手段や調達手段をみずから所有せず、これらを実物または貨幣の形で支給され、かつまた、それに相当する義務を負っている。私有財産（家計）からの官庁（経営）財産（とりわけ資本）の完全な分離、住まいからの職場（事務所）の完全な分離、という原則が存在するのである。

(6)完全に合理的なばあいには、およそ占有者による官位の専有などというものは存在しない。「官職」への「要求権」が確立しているところでは（たとえば、裁判官、および官僚群やさらには労働者層の最近増大しつつある部分にみられるように）、普通には、それは、官僚による専有という目的に役立つのではなくて、かれの官職における純粋に没主観的な（「独立的」な）、規則の拘束をうけるにすぎない仕事を確保する、という目的に役立つのである。

(7)口頭による審議が、事実上通則であるか、あるいはまさしく規定されているばあいでも、行政の文書主義という原則がおこなわれる。すなわち、すくなくとも予備的審議や提案および最終的決定、各種の訓令や指令は、文書によって確定される。文書、ならびに官僚による持続的運営とはあい合して、役所を生みだすことになる。これは、あらゆる近代的団体行為の唯一の核心なのである。

⑻合法的支配は、ずいぶんまちまちな形をとるであろうが、それについては、のちほど別個に論じよう。以下には、さしあたりとくに、もっとも純粋に支配関係的な行政幹部の構造、つまり、「官僚層」や「官僚制」の支配構造だけにかぎって、理念型的な分析がこころみられる。

統率者の典型的な種類が度外視されていることは、ずっとあとで、完全にあきらかとなるような事情から説明される。合理的支配のすこぶる重要な類型は、その統率者にかんしては、形式上他の類型にぞくしている（世襲カリスマ的には世襲君主、カリスマ的には人民投票的大統領）。他の類型も、実質的には重要な点で合理的であるが、官僚制とカリスマ制との中間に位する方法で構成されている（内閣支配）。さらに、ほかの類型は、他の団体（「政党」）の（カリスマ的または官僚制的）指導者によって統率されている（政党内閣）。合理的・合法的な行政幹部の類型は、全般的に適用することができる。そして、日常茶飯の生活において重要なものは、この類型なのである。というのは、支配は日常茶飯の生活においては、すぐれて行政だからである。

〔4〕　合法的支配
──官僚制的行政幹部による純粋型（つづき）

合法的支配のもっとも純粋な型は、官僚制的行政幹部による支配である。団体の統率者だけが、あるいは専有によって、あるいは選挙とか後継者指名によって、その支配的地位を占有する。けれども、かれの首長としての権能でさえ、合法的「権限」なのである。もっとも純粋な型では、行政幹部の総体は、単一の官僚で構成されている（「合議制」にたいする単一支配がそれであるが、それについてはのちに論及する）。これらの官僚は、

(1) 人格的に自由であり、ただ没主観的な職責に服従するにすぎない。
(2) かれらは、確乎とした官職階層制のうちに立ち、
(3) 明確な職権をもち、
(4) 契約により、したがって（原則上）自由な選抜にもとづき、また、
(5) 専門資格──もっとも合理的なばあいには、審査の結果確認され、免許状によって証明された専門資格──にもとづいて任命される（選挙されるのではない）、──

(6)これらの官僚は、固定した貨幣給をうけ、たいていは年金をうける権利をあたえられる。もちろん、ときとしては（とくに私経営において）、首長によって解任されることもあるが、官僚のほうから退職することはつねに可能である。この俸給は、主として階層制的等級にしたがって段階づけられ、そのほか、地位の責任性、さらには、「身分相応」の原則にしたがって段階づけられる（第十二章）。

(7)かれらは、その官職を、唯一のまたは主要な職業であると考え、

(8)前途には、在職年限とか業績あるいは双方にもとづく、「昇進」という経路を見込んでいるが、それは上司の判断にゆだねられている。

(9)かれらは、完全に「行政手段から分離」され、しかも、官位を専有することなく仕事をおこない、

(10)厳格で画一的な職務規律と統制に服するのである。

このような秩序は、原理的には、営利経済的または慈善事業的な経営、あるいは観念上または物質上の目的を追求する、他の任意の私経営に適用できるし、また、政治団体とか教権制的団体にもひとしく適用可能なのであって、このことは、歴史的にも（純粋型に多かれすくなかれかなり近似した形で）論証することができる。

(1)たとえば、官僚制は、私立病院においても、慈善病院とか教会病院においても、原

理的には同じである。近代のいわゆる「助任司祭制」[6]、すなわち、かつての広汎に専有された教会秩禄の収用、また、(形式上の普遍的「権限」である) 普遍教会監督職[7]、およびびび (ただたんに「司教の権をもって」(ex cathedra)、官職において機能し、それゆえ「公的」活動と「私的」活動との典型的な分離のもとで機能する、実質上の普遍的「権限」としての) 教皇不可謬説《ふかびゅう》[8]は、典型的に官僚制的な現象なのである。その点、資本主義的大経営とてもまったく同様であって、規模が大きければ大きいほど、それだけ官僚制化がいちじるしい。なお、党経営 (それについては、別個に論及するつもりである)、あるいは「将校」という名の特殊な軍事官僚に指揮された、近代の官僚制的軍隊も、それにひけをとらない。

(2) 官僚の任命という原則がもっとも純粋に支配するところでは、官僚制支配はもっとも純粋に貫徹される。任命官僚の階層制的組織と同じ意味での、選任官僚の階層制的組織というものは存在しない。至極当然のことながら、規律というものは、まさしく、下級官僚が上級官僚とまったく同様に選挙をたのみとすることができ、かつ、その〔昇進の〕チャンスを上級官僚の判断に依存しないばあいと同等の〔程度の低い〕厳格さには、近似的にもせよ、到達するようなことは、けっしてできないのである (選任官僚については、以下の〔14〕を参照されたい)。

(3) 契約による任用、したがって自由な選抜は、近代官僚制に本質的である。自由ではない官僚（奴隷、家士）[9]が、階層制的構成のなかで没主観的な権限をもって機能し、それゆえ形式上は官僚制的な仕方で機能するばあいに、われわれは「家産官僚制」について語りたいとおもう。

(4) 専門資格のおよぶ範囲は、官僚制において不断に増大しつつある。党および労働組合の役職員でさえ、専門的な（経験的に獲得された）知識を必要とする。近代の「閣僚」や「大統領」は、なんらの専門資格をも要求されない唯一の「官僚」であるが、このことは、かれらが実質的な意味における官僚ではなく、形式的な意味における官僚にすぎないことを証明するものである。その点、大規模な私的株式経営の「総支配人」とまったくちがわない。しかも、資本主義的企業者は、「君主」と同じく専有されている。かように、官僚制支配は、すくなくとも純粋に官僚制的ではない分子を、その頂点にもたざるをえないわけである。それは、ある特殊な行政幹部による支配の一範疇であるにすぎない。

(5) 固定給が常則である（専有された役得収入を、われわれは「秩禄」と呼称したい。この概念については、〔8〕をみよ）。同様に、貨幣給が常則である。貨幣給は、〔官僚制という〕概念に本質的では毛頭ないけれども、やはりこの類型にもっとも純粋に対応するものである（実物給与は、「秩禄」的な性質をもっている。秩禄は、通常、利得のチャンスおよび官職の専有の一範疇なのである。しかし、ちょうどこのような実例がしめすように、このばあいにも推移はまったく漸次的・流動的である。官職請負い、官職買受け、官職抵当による専有は、純粋な官僚制とは別の範疇にぞくしている（〔7a〕の〔3〕）。

(6)「兼務」としての「官職」や、それればかりか「名誉職」は、のちに（〔14〕以下で）のべられる範疇にはいる。典型的な「官僚制的」官僚は、本職官僚なのである。

(7)行政手段からの分離は、公的および私的官僚制（たとえば、資本主義的大企業）において、寸分たがわぬ意味あいで貫徹されている。

(8)合議制的「官庁」は、もっとあとのほうで（〔15〕）、別に考察されるであろう。合議制的官庁は、事実上およびたいていは形式上も、単一支配的な統率のために急速に衰退しつつある（たとえば、プロイセンにおける合議制的「政庁」は、ずっと以前に、単一支配的な行政区長官に道をゆずった）。迅速で明確な行政、したがって、多数者の意見の妥協や意見の変動に拘束されない行政への関心が、それにとって決定的である。

(9)いうまでもなく、近代の将校は、特別の身分的な標識を賦与された部類の任命官僚であるが、これについては別のところで論じるはずである（第十二章）。その点、近代の将校は、第一に、選挙された指導者、第二に、カリスマ的（〔10〕）傭兵隊長[10]、第三に、資本主義的企業者としての将校（傭兵軍）、第四に、将校職の買受人（〔7a〕末尾）とはまったくことなる。〔これらの型のあいだの〕推移は、漸次的・流動的たりうるであろう。行政手段から分離された家産制的「臣僚」や資本主義的軍隊企業者は、しばしば資本主義的私企業者と同じく、近代官僚制の先駆者なのであった。それについては、のちほどくわしくのべよう。

〔5〕官僚制的・単一支配的行政

あらゆる経験にてらしても、純粋に官僚制的な行政、つまり、官僚制的・単一支配的な、文書にもとづく行政は、形式上もっとも合理的な支配行使の形態である。すなわち、精確さ、恒久性、規律、厳格さおよび確実さの点で、それゆえ、首長にとっても、利害関係者にとっても、計算が可能であること、作業が集約的であり包括的であること、あらゆる任務にたいし、形式上全般的な適用が可能であること、純技術的にみて、最高度の能率にまで高めうること、――これらすべての意味において、形式上もっとも合理的な支配行使の形態なのである。あらゆる領域（国家、教会、軍隊、政党、経済経営、利益団体、社団、財団等々）における「近代的」団体形式の発展は、そのまま官僚制的行政の発展や不断の増大と一致する。すなわち、その成立は、たとえば、近代西欧国家の萌芽なのである。合議制的利益代表であろうと議会の委員会であろうと、「労兵代表委員会の独裁」にせよ名誉官僚にせよ、あるいは陪審員またはその他のなんであろうと、あらゆる見せかけの対立機関によって（それればかりではなく、「もったいぶった役人」にかんする非難によって）、一切の持続的作業が役所における官僚をつうじておこなわれるという事実を、片時もあざむかれるようなことがあってはならない。われわれの日常生活全体は、この枠にしばられているのである。けだし、官僚制的行政は、いかなるばあいにも——他の事情が同じなら！——形式的・技術的にみて、もっとも合理的な行政なのであって、もしもそうだとすれば、官僚制的行政は、（人的または物的な）大規模行政の必要にとって、こんにちまったく不可欠だからである。われわれは、行政の「官僚制化」と「ディレッタント化」の、いずれか一方を選択できるだけである。そして、官僚制的行政が優越する重要な手段こそは、専門知識にほかならないのであって、財貨生産の近代的な技術と経済的な運営との結果、専門知識はまったくなくてはならないものとなっている。このことは、財貨の生産が資本主義的に組織されていようと、社会主義的に組織されていようと、それには全然かかわりのないことである。——あとのばあいに、もしも同等の技術的能率が達成されなければならないとしたら、このことは、専門官僚制の意義のおびただしい増大をこそ意味するであろう。被支配者たちは、通常、みずからの対立組織をつくりだすことによって、現行の官僚制支配から、かろうじて身をまもることができるが、この対立組織とても、官僚制化する運命をまぬがれない。それと同様に、官僚制機構自体でさえ、物質的および純粋に没主観的な、したがって観念的な性質をもった、抗しがたい利害関係によって、みずからもひきつづき機能せざるをえないのである。つまり、この機構がなければ、行政手段から官僚、職員、労働者が分離され、しかも、規律や熟練を不可欠とする社会において、生計手段をいまなお所有している人びと（農民）をのぞくすべての人びとが、近代的な生活をいとなむ可能性は、なくなってしまうにちがいない。権力を掌握した革命や占領中の敵にとっても、官僚制機構は、従来の合法的統治にたいするのと同じように、あいもかわらず機能しつづけるのが通例である。いったい、だれが現存の官僚制機構を統御しているのか――これは、たえず提出される問題である。しかも、この機構を統御することは、専門家ならぬ人間には、ごくかぎられた範囲内で可能であるにすぎない。専門的枢密顧問官は、大臣である非専門家よりも、けっきょくは、その意志をつらぬきとおすうえですぐれているのが、おおかたである。恒久的で厳格な、集約的で計算可能な行政への要求は、資本主義――それだけではないけれども、たしかにまぎれもなく、なかんずくそれ――

が歴史上つくりだしたものであり（資本主義は、この種の行政なしに存立できない）、かつ、どのような合理的社会主義であろうと、かならずやそれをそのまま引きつがざるをえず、また増大させるであろうていのものである。あらゆる大規模行政の中核をなす官僚制のこうした宿命性は、そのような要求に起因するのである。ただ（政治的、教権制的、組合的、経済的）小経営のみが、かなりの程度それなしにすましうるだけであろう。こんにちの発展段階にたっした資本主義が官僚制を必要とするように――資本主義も官僚制も、ことなった歴史的基盤から生じたものではあるが――、資本主義とても、国家財政上必要な資金を用立てるという理由で、〔官僚制の〕もっとも合理的な経済的基礎なのであり、この基礎のうえに、それはもっとも合理的な形で存立できるのである。

官僚制的行政には、国家財政的前提のほかにも、本質上交通技術的な諸条件が存在する。官僚制的行政の精確さは、鉄道、電報、電話を必要とし、しだいにそれらに拘束されてゆく趨勢にある。社会主義体制といえども、その点をなにひとつ変更できないにちがいない。社会主義体制が、合理的な行政、ということは、それにとってとりもなおさず、いちだんと明確な形式的規則をそなえた厳格に官僚制的な行政のために、資本主義体制と同じようなもろもろの条件をととのえることができる状態にあるかどうかは、疑問であろう（『経済と社会』第二章第一二節参照(11)）。もしも、それが不可能であるならば、――ここにもまた、形式合理性と実質合理性の二律背反という、あのはなはだしい不合理が存在することであろう。社会学は、このような二律背反について、ひじょうに多くのことを確認しなければならない。

官僚制的行政は、知識による支配を意味する。これこそは、官僚制に特有な合理的根本特徴なのである。専門知識に由来する強大な権力的地位にとどまらず、官僚制（または、それを利用する首長）は、職務上の知識、すなわち、職務上の交渉をつうじて獲得されるか、「文書に精通した」実務知識によって、その勢力をさらにいっそう増大させようとする傾向がある。「職務上の秘密」――その専門知識にたいする関係は、技術的知識にたいする商業経営上の秘密に、ほぼ匹敵する――という概念は、唯一のといえないまでも、とにかく官僚制に特有な概念であるが、それは、このような勢力をえようとする努力に由来するのである。

知識、つまり、専門知識や実務知識の点で、官僚制よりもまさっているのは、自己の利害にかんする範囲内では、おおむね、私的な営利に利害関係をもつ人、したがって、資本主義的企業者だけであるにすぎない。かれこそは、官僚制的・合理的な知識の支配の不可避性にたいして、実際上（すくなくとも相対的に）免疫性をもった唯一の機関なのである。それ以外の人びとは、すべて、大量成員団体のなかでは、官僚制的な支配に従属することを余儀なくされるのであって、それはちょうど、財貨の大量生産において、没主観的な精密機械の支配に従属することを余儀なくされるのと、まったくことなるところはない。

一般に、官僚制的支配は、社会的には、つぎのような意味をもっている。すなわち、

(1) 専門的にもっとも資格ある人びとのなかからひろく後継補充ができるように、平準化への傾向をもつこと。

(2) できるだけ長いあいだ（ときには、ほとんど二〇代のおわりまで）継続する専門的訓練のために、金権政治化への傾向をもつこと。

(3) 形式主義的な非人格性の支配。

つまり、理想的な官僚は、憤怒も不公平もなく (sine ira et studio)、憎しみも激情もなく、それゆえ、「愛」も「熱狂」もなしに、ひたすら義務観念の命じるままに、その職務を遂行する。かれは、「人柄のいかんを問わず」に、「どんなひと」にも、つまり、同じような事実上の状態にあるすべての利害関係者にたいしても、形式上平等にその職務をおこなうのである。

さて、官僚制化は、(正常な、歴史的にも正常であると証明される傾向からいえば) 身分的平準化をおこなうのであるが、逆に、どのような社会的平準化も、官僚制化を促進することになる。それは、行政手段や行政権力の専有による身分的支配者を排除し、また、財産があるために「名誉職的」ないしは「兼職的」な行政にあずかる資格のある官職保持者を、「平等」の見地から排除することによっておこなわれる。このような官僚制化は、すすみゆく「大衆民主制」にいつもつきまとう影なのである。——それについては、別のこととの関連で、もっとくわしく論じることにしよう。

合理的官僚制の正常な「精神」は、一般的にいってつぎのとおりである。

(1) 形式主義。これは、どのような種類のものであれ、個人的な生活チャンスの確保に利害関心をもつすべての人びとによって要求される。——さもなければ、恣意を結果するだけであろうし、また、形式主義は、最小限の抵抗線だからである。

(2) 被支配者たちの幸福をはかるために、実質的・功利的な見地から、その行政事務を処理しようとする官僚の傾向は、外見上また一部はじっさいに、この種の利害関心のもつこうした形式主義的傾向と矛盾するようになる。ただし、この実質的功利主義は、要求に即応する——これまた形式的な、そして多くのばあい形式主義的に処置される――行政規則の方向において表現されるのがつねである（それについては、『法社会学』のところでふれる）。実質合理性へのこうした傾向は、(1)で表示されたような、所有されたチャンスの「確保」に利害関心をもつ人びとの階層にぞくさない、すべての被支配者たちによって支持される。それに由来する論議は、「民主制の理論」にゆずる。

第三章　伝統的支配

〔6〕伝統的支配

支配の正当性が、古くより伝承されてきた（「以前から存する」）秩序や首長権力の神聖、という基礎に立脚しかつ信じられるとき、その支配を伝統的（支配）とよぶことにしておく。首長（または比較的多数の首長）は、伝統的につたえられた規則によって決定される。かれらが服従されるのは、伝統をつうじてかれらに賦与された、固有の品位によるのである。ごく単純なばあいには、支配団体は、主として教育の共同ということによって規定された、恭順団体なのである。支配する者は「上司」ではなく、個人的首長であり、その行政幹部は、本質上「官僚」ではなくて、個人的な「臣僚」である。被支配者は、団体の「成員」ではなくて、(1)「伝統的同輩」（〔7〕）であるか、あるいは(2)「臣民」なのである。首長にたいする行政幹部の関係は、没主観的な職責ではなく、個人的な家臣としての忠誠によって決定されたのである。

法規にたいしてではなく、伝統によってか、あるいは伝統的に定まっている支配者によって、その資格をあたえられた人物にたいして、服従がなされる。その命令は、二とおりの仕方で正当である。(a)一部は、指令の内容をはっきりと規定する伝統の力によって、また、その信じられた意味と範囲において。伝統の限界をふみこえることによって、この信じられた範囲に動揺をあたえるならば、首長みずからの伝統的地位をおびやかすことになるかもしれない。(b)一部は、首長の自由裁量によって。伝統が、この自由裁量にしかるべき活動の余地をあたえるのである。

こうした伝統的恣意は、まずもって、恭順の義務にしたがう服従が原理的に無制限である、ということにもとづいている。このように、(a)実質上伝統にしばられた首長の行為と、(b)実質上伝統にしばられない首長の行為という、二重の領域が存在するわけである。

のちの領域内では、首長は、気ままな寵愛や不興、個人的な好悪の感情、および純粋に個人的な、とりわけ贈物——これは「報酬」の濫觴《らんしょう》であるが——によってあがなわれる恣意のおもむくままに、「恩恵」をほどこす。首長がいやしくも原則にもとづいて処置するかぎり、これらは、実質上の倫理的公平、正義または功利的な合目的性の原則ではあるけれども、しかし——合法的支配におけるように——形式的な原則ではない。支配がじっさいに行使される仕方は、通常、首長（およびその行政幹部）が、臣民たちを刺激して反抗を誘発することなく、かれらの伝統的従順をまえにしてなにをすることが許されるか、ということを目安にしている。もしも反抗が生じるならば、この反抗は、権力の伝統的限界をかろんじた首長（または臣僚）の人格に向けられるのであって、体制そのものに向けられるのではない（「伝統主義的革命」）。

伝統的支配の純粋型にあっては、法とか行政上の原則を、法規によってあらたに意図的に「つくりだす」ことは、不可能である。だから、事実上の創造は、昔から通用してきたものとして、また「不文法」によって承認されてはじめて、正当化されうるにすぎない。伝統の文書、つまり「先例と先決」が、裁判の方針をたてる手段として問題となるにすぎない。

〔7〕 伝統的支配（つづき）

首長は、⑴行政幹部を置かずにか、または、⑵行政幹部を置いて支配する。第⑴の事例については〔7a〕の（1）をみられたい。

典型的な行政幹部は、つぎのものから補充されているであろう。すなわち、(a)恭順のきずなによって伝統的に首長とむすばれた人びと（これは、「家産制的に後継補充された」ばあいである）。これには、(イ)氏族成員、(ロ)奴隷、(ハ)家内隷従的家臣、とくに「家士」、(ニ)被護者、[12] (ホ)土着農民、[13] (ヘ)解放奴隷がふくまれる。(b)(「家産外的に後継補充がなされ」るばあいには)、(イ)人格的な信頼忠誠関係に立つ人びと（あらゆる種類の自由な「寵臣」）、あるいは、(ロ)首長と忠誠誓約をむすぶ資格のある人びと（従臣）、最後に、(ハ)首長と恭順関係にはいった自由な官僚があげられる。

(a)の(イ)の補足。支配的氏族の所属員を枢要の地位に任ずることは、伝統主義的支配にとてもひんぱんにみとめられる行政上の原則である。

(a)の(ロ)の補足。家産制支配においては、奴隷と解放奴隷（(a)(ヘ)）とは、ときとして最高の地位につくことがある（以前の奴隷で大宰相[14]となった者も、まれではなかった）。

(a)の(ハ)の補足。典型的な家臣は、ヨーロッパのいたるところにみいだされる。家令（下僕頭）、主馬頭（馬丁）、侍従、内膳頭、執事（扈従《こしょう》やおそらくは従臣の長）が、そのたぐいである。オリエントでは、宦官《かんがん》の長（後宮の衛士）が、黒人王国ではしばしば刑吏が、とくに重要なものとしてつけ加わる。そのほか、いたるところでしばしばそうであるが、侍医、御用天文学者およびそれに類する官位が、とくに重要なものである。

(a)の(ニ)の補足。中国でもエジプトでも、王の被護者は家産官僚群の本源であった。

(a)の(ホ)の補足。土着農民の軍隊は、全オリエントをつうじて、また、ローマ貴族の支配にも、知られていた（近世のイスラム的オリエントにさえ、奴隷軍が存在していたのである）。

(b)の(イ)の補足。「嬖臣《へいしん》」政治は、どの家産制にも特有であり、「伝統主義的革命」の原因となるばあいが多い（その概念については、前節の末尾を参照）。

(b)の(ロ)の補足。「従臣」については、別に論じることにする。

(b)の(ハ)の補足。「官僚制」は、家産外的に補充された官僚群として、家産制国家ではじめて成立した。しかしこの官僚は、すぐつぎに言及するように、まずもって首長の個人的臣僚なのであった。

純粋な型の伝統的支配の行政幹部は、つぎのものを欠如している。つまり、(a)没主観的な規則にもとづく明確な「権限」、(b)明確な合理的階序、(c)自由な契約を介した、規定どおりの任用と昇進、(d)（基準としての）専門教育、(e)（しばしば）固定給および（さらにしばしば）貨幣給を欠如している。

(a)〔没主観的規則による明確な権限〕にかんして。明確な没主観的権限のかわりに、委任と全権相互間の競合が存在する。この委任と全権とは、まず、首長の奔放《ほんぽう》な恣意のおもむくままに、その都度あたえられるが、やがて永続的となり、ついには、往々にして伝統的に固定化される。委任と全権は、とくに、首長自身と同じく、受任者が努力を傾注すれば手に入れることのできる、役得チャンスをめぐる競争をつうじてつくりだされる。つまり、没主観的な管轄権や、それと同時に「官庁」の存在が、はじめて構成されるのは、このような利害関心によるばあいが多い。

永続的管轄権をあたえられたすべての受任者は、まず第一に首長の家臣である。かれらの主家に拘束されない（「家産外的」な）管轄権は、活動領域が往々かなり外面的・客観的に類似していることにもとづき、かれらの主家への忠勤に依存した管轄権であるか、あるいは、のちにいたって伝統的に固定化されるようにはなるけれども、はじめのうちは、奔放不羈《ふき》な首長の思召《おぼしめ》しのままに、かれらにあてがわれた管轄権であるかである。家臣のほかには、主として、特定目的のための受任者だけが存したにすぎない。

「権限」という概念のないことは、おそらく、古代オリエントの官僚の名称目録をいちいち検討すれば、たやすく判明するだろう。われわれの考えるような、確乎として永続する「権限」というふうに、合理的に区切られた没主観的な活動領域をみいだすことは

――まれには例外はあるけれども――できない相談である。

役得利害の競合と妥協とによって、事実上の永続的管轄権を画定するという事実は、別して中世にみとめられるところである。こうした事情のおよぼす影響は、ひじょうにひろい範囲にわたるものであった。イギリスでは、有力な国王裁判所の判事や、また有力な全国的弁護士身分の役得利害は、ローマ法および教会法の支配を一部分頓挫《とんざ》させ、一部分制限したのであった。どの時代にも無数の職権が非合理的に画定されているが、これは、すでに区切られていた役得利害の領域によって固定化されていたためなのである。

(b)〈明確な合理的階序〉にかんして。あることがらまたは訴えの決裁が、どの受任者によって、あるいは首長自身によって処理されるべきかどうか、ということについての決定は、(イ)伝統的に、ときには、外部から借用された一定の法規範とか、先例の由来を斟酌《しんしゃく》して規制されるか(オーバーホーフ制)(15)、あるいは(ロ)首長の当座の意向にまったく一任されるか、のいずれかである。いやしくも首長みずから親臨するばあいには、すべての受任者は、これにしたがうのである。

伝統主義的なオーバーホーフ制とならんで、首長権の領域に由来するドイツ法の原理、すなわち、臨席した首長はいかなる裁判権の拘束をもうけない、という原理が存在する。同じ起源をもち、首長のきままな恩寵に由来する召還権（jus evocandi）や、その近代版である「専断裁判[16]」が存在する。「オーバーホーフ」は、中世では、とくにしばしば、法を指示・解釈する官庁であり、ある地域の法はそこから導入されたのである。

(c)〔自由な契約を介した、規定どおりの任用と昇進〕にかんして。家臣や寵臣が家産制的に補充されるばあいはすこぶる多い。首長の奴隷または隷民（家士）が、すなわちそれである。あるいは、家産外的に後継補充がなされるばあいには、かれらは受禄者であり（後述参照）、首長は、形式上は自由な裁量によって、かれらを転任させるのである。自由な従臣が登場し、授封契約による官職の授与がおこなわれるにいたって、はじめてこうした状態は根本的に変化するのであるが、しかし——知行の種類や範囲は没主観的な観点によって決定されるのでは断じてないのだから——(a)と(b)の諸点には、なんの変化も生じない。行政幹部が僧禄的な構造をもつような事情のもとにあるばあい（〔8〕をみよ）は別として、首長の恣意と恩寵による昇進が存在するにすぎないのである。

(d)〔基準としての専門教育〕にかんして。原則的な資格要件としての合理的専門教育などというものは、もともと、首長の一切の家臣や寵臣にはみとめられない。被任用者の専門的訓練の開始は（どのような種類のものであれ）、いたるところで行政方式の一時期を画するものなのである。

ずっと昔でさえ、ある程度の経験的な訓練は、多数の官職に必要であった。とにかく、なにはさておいても、読んだり書いたりする技能は、じっさい、もとから相当の希少価値をもつ技能であったが、それは往々にして――中国はそのもっとも重要な例にほかならない――文人政治家の生活様式のあり方をつうじ、文化の全体的発達に決定的な影響をおよぼしたのであった。それはまた、家産制内部における官僚の補充を排除し、このようにして、首長の勢力を「身分制的」に制限したのである（〔7a〕の（3）をみよ）。

(e)〔固定給および貨幣給〕にかんして。家臣や寵臣は、主に首長の食卓で、また、その倉庫から糧秣《りょうまつ》や装備をまかなわれる。首長の食卓からかれらが分離されることは、通例、（はじめはまず、実物による）秩禄が創出される前兆であって、その種類や額は固定化されやすい。それとならんで（あるいはそれにかわって）、首長みずからにたいするのとまったく同じように、首長の家計外で委任された機関にも、「手数料」がはいってくるのが通例である（それは、「恩恵」をえようと努める人びとと、その都度賃率を協定するまでもなく、はいってくるばあいが多い）。

「秩禄」の概念については、〔8〕を参照されたい。

〔7 a〕　長老制、家父長制、家産制

（1）伝統的支配の第一次類型は、首長の個人的行政幹部が存在しないばあいであって、(a)長老制および、(b)第一次家父長制はそれにほかならない。

長老制というのは、一般に団体のなかで、支配がおこなわれるかぎり、（元来、文字どおりの意味において年齢の点で）最年長者が、聖なる伝統にもっともつうじた者として、支配を行使する状態のことである。それは、本来経済的または家族的ではない諸団体に、しばしばみとめられる。家父長制というのは、多くは本来経済的または家族的な（家）団体の内部で、（通常）明確な世襲規則にもとづいて指定された個人が、支配をおこなう状態を意味する。長老制と家父長制とが併存するばあいも、まれではない。そのさい、決定的なのは、長老ならびに家父長の権力が、純粋な型では、被支配者（「同輩」）のつぎのような観念を目安としている点である。この観念とは、

なるほど、このような支配は首長の伝統的私権ではあるけれども、しかし、実質的にはすぐれて同輩の権利なのであり、したがって、かれら同輩の利益のために行使されなければならず、それだからこそ、首長によって勝手に専有されたものではない、という観念にほかならない。これらの類型において、首長の純粋に個人的（「家産制的」）な行政幹部がまったく存在しないということは、それにとって決定的である。首長は「幹部」を擁しないのだから、かれは、同輩の服従意欲に、なおかなりの程度、依存しているわけである。だから、同輩は依然として「同輩」なのであり、まだ、「臣民」ではない。しかし、かれらは伝統による「同輩」なのであって、「法規」による「成員」ではない。かれらは、首長に服従の義務を負うが、成文化された規則に服従の義務を負わないのである。ただ、伝統にしたがって、首長に服従するにすぎない。首長はといえば、かれとても、伝統にきびしくしばられている。

長老制の種類については、以下のところをみよ。支配が家の内部で拘束力をもつにすぎないかぎり、第一次家父長制は、長老制に似かよっている。だが、それはさておき、第一次家父長制は――アラビア人の族長にみられるように――模範としてはたらくだけであり、それゆえ、カリスマ的支配にも似て、実例とかあるいは助言や感化手段をつうじて、影響をおよぼすにすぎない。

（2）首長の純個人的な行政幹部（および軍事幕僚）が成立するにつれて、どのような伝統的支配も家産制への傾向をしめすようになる。また、首長権力が最大限にたっすると、それはサルタン制に傾いてくる。[17]

ここにはじめて、「同輩」は「臣民」となり、これまですぐれて同輩の権利であると解されていた首長の権利は、かれの私権となる。この権利は、任意の性質をもったなんらかの所有対象と（原理的には）同じ仕方で首長に専有され、なんらかの経済的チャンスと、原理的には同じように利用する（売却し、抵当にいれ、分割相続する）ことが可能である。外面的には、家産制的首長権力は、（しばしば焼印を押された）奴隷とか土着農民の軍隊または強制募集された臣民にささえられるか、それとも――後者にたいする利害の共同をできるだけかたくするために――雇いの親衛兵や軍隊（家産制的軍隊）にささえられる。この権力によって、首長は、家父長制的また長老制的な伝統被拘束性を犠牲にしつつ、伝統の拘束をうけない恣意、恩寵および恩恵のおよぶ範囲を拡大するのである。家産制的支配とは、本来伝統的な志向をもってはいるが、支配が完全な私権によって行使されるばあいをいい、サルタン制的支配とは、家産制的支配の行政方式が、本来伝統のきずなにしばられない、奔放な恣意の領域に終始するばあいをいうことにしておく。このちがいは、あくまでも流動的であって、判然と区別されるようなものではない。個人的行政幹部が存在するということが、両者、とくにサルタン制を第一次家父長制と区別するのである。

家産制のサルタン制的形態は、まま——じっさいにはけっしてそうではないのであるが——外見上は、まったく伝統のきずなにしばられていないかのような観を呈している。しかし、それは、没主観的に合理化されているのではない。そこには、自由な恣意や恩寵の領域が、極端にまで発達をとげているのである。この点で、それは、あらゆる形態の合理的支配と区別される。

(3) 一定の首長権力とそれに対応する経済的チャンスが、行政幹部に専有されるにいたった家産制的支配の形態を、身分制的支配とよぶことにしておく。専有は——類似したすべての事例(『経済と社会』第二章第一九節）におけるように——(a)ある団体、または他から区別されるような、すぐれた特徴をもった部類の人びとによっておこなわれるか、あるいは(b)個人的に、それも、ただ終身的にか世襲的に、または自由な財産としておこなわれうる。

このように、身分制的支配は、つぎのような意味をもっている。

(a) 地位または首長権力を、(イ)ある団体に専有したり、(ロ)身分的に（第十二章）資格

づけられたある階層に専有することによって、首長による行政幹部の自由な選抜にたえず制限を加えること。――あるいは、

(b)往々にして――ここでは、これを「定型」とみなすことにする――さらに、行政幹部の個々の成員による、(イ)地位の専有、したがって(おそらくは)地位の占有から生じた利得のチャンスの専有、および、(ロ)物的行政手段の専有、(ハ)命令権力の専有、を意味するのである。

そのばあい専有者は、歴史的には、(1)以前に身分制的ではなかった行政幹部の出身者であるかもしれず、また、(2)専有以前に行政幹部には所属していなかったかもしれない。

首長権力を専有した身分的占有者は、自己の行政手段から、また自他いずれとも区別できないまま、かれに専有された行政手段から、行政費を支弁する。軍事上の首長権力をもつ者または身分制的軍隊所属員は、自弁で装備をまかない、ときとして、みずからの責任で、家産制的にかさらには身分制的に徴募された出兵員を用立てる(身分制的軍隊)。さもなければ、行政手段と行政幹部の調達は、まさしく、首長の倉廩《そうりん》とか金庫からの一括給付とひきかえにいとなむ、営利企業の対象として専有されるのであって、たとえば、とくに(しかし、それのみではないが)一六および一七世紀の

ヨーロッパにおける傭兵軍のばあいがそうであった（資本家的軍隊）。身分制的専有が完全におこなわれているばあいには、権力全体は、その私権により、首長と専有した行政幹部成員とのあいだに一様に分配されるか、そうでなければ、私権力は首長の特別の命令とか、専有者との特別の妥協をつうじて規制されるわけである。

第（1）の事例としては、たとえば、首長の宮内官職がある。これは、知行として専有される。第（2）の事例としては、たとえば荘園領主があげられる。荘園領主たちは、首長の特権によってか、あるいは簒奪《さんだつ》によって、首長権を専有した（多くのばあいに、首長の特権は簒奪を合法化したものなのである）。

個人による専有は、つぎのものにもとづくことがあろう。

⑴請負い、⑵質入れ、⑶売却、⑷個人的または世襲的あるいは自由に専有された特権、無条件のまたは一定義務の履行を条件とする特権。これは、(a)勤役にたいする代償としてか、それとも買収して手なずけるためにあたえられ、または、(b)首長権力の事実上の簒奪を承認した結果としてあたえられる。⑸ある団体または身分的に特権ある階層による専有。これは、首長と行政幹部あるいは組織化された身分層との妥協の結果である。普通には、それは、(イ)個々のばあいに完全なまたは相対的な

選択の自由を首長にゆだねるか、(ロ) 地位の個人的占有にたいして、明確な規則を定めるかであろう。(6) 年期奉公。これについては別に論じるはずである。

(1) 長老制や純粋家父長制にあっては、行政手段は——そのさい、もちろん多くは不分明な、一般的通念にしたがうわけであるが——行政をつかさどる団体あるいは行政に関与した個々の世帯に専有される。つまり、団体の「ために」、行政がおこなわれるのである。首長そのものによる専有は、家産制の観念界にこそふさわしいものであって、それが完全に遂行される度合いは——土地高権や首長による臣民の完全な隷属化（首長の「販売権」）にいたるまで——ひじょうにまちまちでありうる。身分的専有ということは、行政幹部成員による行政手段のすくなくとも一部分の専有を意味している。それだから、純粋家産制のばあいに、執政者は行政手段から完全に分離されているのに反し、身分制的家産制のばあいには、これがまったく逆となっているわけである。すなわち、執政者は、行政手段の全部とまではいかなくとも、すくなくとも主要部分を所有するのである。かように、武装を自弁でまかなった封臣、裁判その他の手数料および賦課金を取りたて、自己の財力（それには、専有された手段もふくまれていた）で、封主にその義務をはたした分封伯、その租税秩禄で自己の出兵員を用立てたインドのジャーギールダール[18]（jagirdar）——これらは、行政手段を完全に所有していたのである。これに反して、傭兵連隊を自分で請負い、それとひきかえに王侯の金庫から一定額の支払いをうけとり、給付に手加減を加えたり、戦利品とか徴発によって不足分をうめあわせていた連隊長は、行政手段を部分的に（しかも、規制された仕方で）所有していたにすぎない。ところが、奴隷軍とか土着農民の軍隊を編成して、王の被護者にこれを統率させ、自己の倉廩からかれらに衣食を供給し、武装をほどこしたファラオ[19]は、家産君主として行政手段を完全に自主占有していたのである。このばあい、形式的な規制はかならずしも決定的なものではない。というのは、マムルーク人[20]は、形式的には奴隷であったのであり、形式上は首長の「買い受け」によって補充されたからである。――けれども、事実上は、かれらは首長権力を完全に独占していたのであって、それは、あたかも家士の団体が家士知行を独占したのと似ている。団体の内部で首長による自由な任命がなされるにつれ（本文（3）の(a)の(イ)の事例）、また、その任につく資格が、たとえば候補者にたいし軍事上またはその他（儀礼上）の資格を要求することによって、他方また（この資格が存在するばあいには）近親者の優先権によって、資格が規制されるようになるにつれて（本文（3）の(a)の(ロ)の事例）、ある封鎖的な団体による家士保有地の専有が生じてくるのであるが、しかし、個人的な専有はおこなわれない。軍事上あるいは行政上の必要に奉仕すべく定められた、荘園法のもとに立つ手工業者またはギルド手工業者あるいは農民の地位にあっても、事情はこれとまったく同様なのである。

(2) 請負い（なかんずく、徴税請負い）、質入れあるいは売り渡しによる専有は、西洋にひろく存していたが、オリエントやインドにもおこなわれていた。古代では、司祭の職を競売に付して手放すことも、まれではなかった。請負いをするばあいの目的は、一部はまったく現実的な財政政策上の目的であったし（とくに戦費〔支出〕による窮状）、一部は財政技術上の目的であった（財政的に利用しうる、一定した金銭収入の確保）。質入れや売り渡しのばあいは、まったく第一にあげた必要によるのであり、教会国家においても近親者地代の創出ということが、目的なのであった。質入れによる専有は、一八世紀のフランスにおいても、なお、（高等法院に）法律家を置くにあたって重要な役割を演じたものである。イギリスの軍隊では、一九世紀にいたってもなお、将校の地位を（一定の手順をふんで）買い受けることをつうじて専有することが、おこなわれていた。西洋でも、ほかのところでも、簒奪の裁可とか、あるいは政治的勤役にたいする報酬または刺激手段としての特権は、中世にひろくおこなわれていたところである。

〔8〕 家産制的臣僚の扶養

家産制的臣僚は、つぎのようにして扶持をうけることがあろう。(a)首長の食卓での給養によって、――(b)首長の物財および金銭の貯えからの（おおむね実物による）給与によって、――(c)家士保有地によって、――(d)年貢収入、手数料収入、または租税収入のチャンスを専有することによって、――(e)知行によって。(b)から(d)までの扶養形式が、分量（(b)と(c)）または管轄範囲（(d)）からみて、伝統的に定められた枠内でたえず授与され、世襲的にではなく個人的に専有されるときに、この扶養形式を「秩禄」とよび、行政幹部の生計が、原則としてこのような形式で維持されるばあいに、これを秩禄制とよんでおく。そのさい、年齢または客観的に測定できるような一定の業績にもとづいて、昇進がおこなわれる可能性がある。また、身分的資格や、したがって、身分的名誉が要求されるかもしれない（「身分」の概念については第十二章を参照）。

首長権力が、契約により資格ある個人に本来的に授与され、相互の権利・義務が本質上因習的・身分制的な、しかも、軍事主義的な名誉観念に方向づけられるときに、この専有された首長権力を知行とよんでおこう。本来的に知行をあたえられた行政幹部が存在するときには、それをレーエン（知行）封建制ということにしておく。知行と軍事的秩禄とは、相互のけじめがつかないほど、たがいにからみあうことが多い（それについては、〔25〕「身分〔的状況および身分〕」のところで論究する）。(d)と(e)のばあい、ときには、(c)のばあいにも、専有による首長権力の保持者は、すでにのべたような仕方で、秩禄、とくに知行という手段から、行政上およびおそらくは装備上の費用を支弁する。そのばあいには、臣民にたいするかれ自身の支配関係は、家産制的な性格をおびてくるであろう（したがって、世襲的となり、譲り渡すことができるようになり、分割相続されるようになろう）。

(1)首長の食卓での給養、またはその自由裁量による首長の貯えからの給養は、王侯の臣僚にあっても、家臣・司祭およびあらゆる種類の家産制的（たとえば荘園領主の）家僕にあっても、本来的なものであった。職業的軍事組織の最古の形態である「男子結社[21]」は、支配関係的な消費共産制の性格をもつばあいが、すこぶる多かった（男子結社については、のちほど別個に論じよう）。首長（または寺院および聖堂）の食卓からの分離、および、このような直接的な給養を給与または家士保有地によっておきかえるということは、かならずしも望ましいものとはみなされなかったのではあるが、独立の一家をかまえるにあたっては通則であった。分離された寺僧や官僚にあたえられた実物給与は、近東諸国の全体をつうじて官僚給養の原初形態であったし、同様に中国、インドにおいて、またしばしば西洋においても存在したのである。古代初頭以降のオリエント全体をつうじて、軍役給付にたいする家士保有地がみとめられる。それはまた、中世ドイツにおいても、家内隷従的なまた領主直属の家臣その他の官僚を給養する手段であった。トルコの騎兵とか、同じく日本の武士、およびオリエントのこれに類した無数の家士および騎士の取分は——われわれの用語では——のちほどのべられるように、知行ではなくて「秩禄」なのである。それは、一定の年貢に依存することもあろうし、管轄区域の租税収入にたよることもあろう。のちのばあいには、秩禄はこの管轄区域における首長権力の専有とむすびつくか、あるいはこうした結果をもたらす。もっとも、それは必然的なものではない。けれども、一般的な傾向としてはそうである。「知行」という概念は、「国家」という概念との関連において、はじめて仔細に検討されうる。その対象は荘園（したがって、家産制的支配）であることもあろうし、また、種々さまざまな年貢または手数料のチャンスであることもあろう。

(2) 年貢収入、手数料収入、および租税収入のチャンスの専有は、あらゆる種類の秩禄および知行として、広範囲にひろまっている。とくにインドでは、独立した形式として、高度に発達をとげてひろまっている。出兵員の調達や行政費の支弁とひきかえにあたえられる諸収入の授与が、これにほかならない。

〔9〕身分制的・家産制的支配

純粋な型の家産制的支配、とりわけ身分制的・家産制的支配のばあいには、あらゆる首長権力や経済的な首長権は、私的な経済的チャンスの専有としてとりあつかわれる。といっても、それらが質的に区別されない、という意味ではない。まして、この種の支配が、それらの一つ一つを、すぐれて特別の規制をうけた形において専有するのだから、なおさらのことである。わけてもまた、つぎの理由があげられる。すなわち、身分制的・家産制的支配は、裁判上または軍事上の領主権力を、純経済的な（所領とか租税とか役得の）チャンスの専有にくらべて、専有者の身分的に特権ある地位の法的根拠とみなすからであり、また、のちのばあい〔純経済的なチャンスの専有〕には、さらに、専有の仕方が本来家産制的なものと、本来家産外的（国庫収入的）なものとを区別するからである。われわれの用語にとって決定的なのは、首長権や、どのような内容をもつにせよ、それにつながるチャンスが、原理的には私的チャンスとしてとりあつかわれる、という事実でなければならない。

たとえば、フォン・ベロウ(22)(『中世のドイツ国家』)は、とくに裁判領主権の専有がべつべつにとりあつかわれ、特殊な身分的地位の起源をなしたこと、総じて、中世の政治団体が、純粋に家産制的な、あるいは純粋に封建制的な性格をもっていたとは確証できないことを強調しているが、これはまったく正しい。とはいうものの、裁判領主権その他の純粋に政治的な起源をもつ権利が、私的な権利のようにとりあつかわれたかぎりで、「家産制的」支配について語ることは、われわれの目的にとって、用語的に正しいとおもわれる。周知のように、この概念自体は(理路整然と)ハラー(23)の『国家学の復興』に由来するものである。理念型的にまったく純粋な「家産制」国家などというものは、史上存在しなかったのである。

(4)身分制的権力分立というのは、首長権力の専有をつうじて身分的に特権づけられた人びとの団体が、首長との妥協をつうじて、その都度、政治上または行政上の規定(あるいは、その両方)をもうけ、あるいは具体的な行政命令とか行政措置をおこない、おそらくはまた、ときとして、みずからの行政幹部をつうじ、事情しだいでは、みずからの命令権によって、それを実施しさえする状態のことである、としておく。

(1)身分的特権をもたない階層(農民)でさえ、ときにはこれにふくまれることもあるが、このことは、この概念をなんら変更するものではなかろう。けだし、特権ある者の私権ということが、型としては決定的な点だからである。身分的に特権ある階層がすべて存在しないならば、ただちにほかの類型が生じてくることはまぎれもないところであろう。

(2) この類型は、西洋においてのみ完全な発達をとげた。西洋におけるそのくわしい特質や成立原因については、のちほど別に論じるはずである。

(3) 独立の身分制的行政幹部は、通則ではなかった。まして、独立の命令権をもった行政幹部などというものは、例外にすぎない。

〔9a〕伝統的支配と経済

通常、伝統的支配は、さしあたりごく一般的にいって、伝統的心情をなにほどか強化することにより、経済営為のあり方に影響をおよぼすのであるが、この影響は、長老制的支配および純粋家父長制的支配のばあいにもっとも強い。これらの支配は、団体成員と対立することのない、首長の特殊幹部に、徹頭徹尾依拠しており、それゆえ、みずからの正当性を主張するにあたり、あらゆる点でもっとも強く伝統の保持に依存しているのである。

それはともかくとして、経済におよぼす影響は、(1)支配団体の典型的な資金調達方式のいかんによって左右される(『経済と社会』第二章第三六節[24])。この点にかんし、家産制は、ひじょうにさまざまなことがらを意味することがあろう。とくにつぎのばあいが、典型的である。

(a)まったくあるいはおおむね、実物・徭役納貢義務的《ライトウルギー》需要充足をともなう首長のオイコス[25](物納租税および賦役)。このばあいには、経済関係はきびしく伝統にしばられ、市場の発達ははばまれる。貨幣の使用は、本質上実物的で、消費に重きをおいており、資本主義の成立は不可能である。

こうした影響の点では、オイコスに酷似した、(b)身分的な特権づけをともなう需要充足が、この事例にちかい。市場の発達は、かならずしも同等程度にではないにせよ、このばあいにも制限される。それは、支配団体の目的のために財貨の所有と個別経済の給付能力が実物で要求され、「購買力」がそこなわれるためである。

あるいは、家産制は、(c)一部は営利経済的な、一部は手数料による、一部は租税による需要充足を独占することがありうる。このばあいには、市場の発達は、強弱の差こそあれ、独占の種類いかんにおうじて非合理的に制限され、おびただしい利得のチヤンスは、首長とその行政幹部の手中におさめられる。このようにして、資本主義の発達は、(イ)行政が完全に首長によっていとなまれるときには、直接に阻止されるか、あるいはまた、(ロ)財政的措置として徴税請負い、官職の請負いまたは買受け、および軍隊や行政の資本主義的調達が存するばあいには、政治寄生的資本主義[26]（『経済と社会』第二章第三一節）の領域へとそらされるかする。

家産制、それればかりではなく、サルタン制の財政経済は、それが貨幣経済的であるときでさえ、非合理的な影響をおよぼす〔その理由は、つぎのとおりである〕。

(1)(イ)直接的租税源泉に課せられた要求の量と質とが伝統にしばられていること、および、(ロ)①手数料や、②賦課金を割りあてたり、また③独占を形成する量や質が完全に無拘束であり、それゆえ恣意的であること、といった二つの事情が併存しているのである。いずれにせよ、これらすべては、当然の権利として要求される。（首長や幹部の「特別の要請による奉仕」という原則にしたがえば）その効果は、歴史的にみて、①のばあいにもっとも強く、②のばあいにはずっとすくなく、③のばあいには、その強さはまちまちである。

(2)しかしながら、一般に、経済を合理化するのに必要な、負担ばかりではなく、私的利得の自由の度合いを計算する、確実な可能性は存在しない。

(3)もちろん、個々のばあいには、家産制的財政政策は、担税能力の計画的育成と合理的独占創出とによって、合理化の作用をおよぼすことはありうる。けれども、このことは、一部は西洋に存在したような、歴史的特殊条件の結果生じた「偶然」なのである。

権力が身分制的に分割されているばあいには、財政政策はつぎのような典型的特質をもつことになる。すなわち、それは、妥協をつうじて確定された、それゆえ計算可能な負担を課するわけであり、また、賦課金を創出したり、なかんずく独占をも創出するにあたり、首長の恣意横暴を排除するか、すくなくともそれをはなはだしく制限するのである。そのさい、実質的財政政策が、どの程度まで合理的経済を促進するか、それとも阻止するかは、権力的地位をほしいままにする階層、なかんずく、(a)封建的、または、(b)都市貴族的階層の性質いかんにかかっている。

前者が優位を占めると、分与された支配権が通常すぐれて家産制的な構造をもったために、営利の自由と市場の発達はかたく制限されるか、あるいは、それこそ意図的・権力政策的に阻害されるのがつねであるが、後者が優位を占めるときには、これと反対の影響をおよぼすことがありうる。

(1)ここでは、上述の点にとどめておくことで、満足しなければならない。というのは、きわめてさまざまなことと関連させて、よりくわしくその点に立ちもどるつもりだからである。

(2)(a)（オイコス）の実例は、古代エジプトおよびインドであり、(b)の例は、ヘレニズム世界のおびただしい地域、後期ローマ帝国、中国、インド、部分的にはロシアおよびイスラム諸国である。(c)の例としては、プトレマイオス王朝、東ローマ帝国（部分的に）、別の性質をもつがステュアート朝の支配があげられる。(d)の例は、「啓蒙的専制主義」（とくに、コルベール主義[27]）の時代における、西洋の家産制国家にみいだされる。

（2）正常な家産制は、その財政政策によるだけでなく、なによりもその行政の一般的特性によって、合理的経済〔の発達〕をさまたげる〔その理由は、つぎのとおりである〕。

(a) 伝統主義が、形式上合理的な、また確実に持続する法規、それゆえに、その経済的意義や利用可能性を計算できる法規にたいして、種々の難点をもうけること。

(b) 形式的に専門訓練をうけた官僚幹部が典型的に存在しないこと。

西洋の家産制の内部で、このような官僚が成立をみたのは、いずれあきらかとなるように、他に類をみない諸条件によるものである。この条件は、西洋にのみ存在したのであり、また本来まったくことなった源泉から生じたものである。

(c)首長および行政幹部の実質上の恣意や純粋に個人的な気まぐれがひろい範囲にわたること。――そのさいに、あるいは贈賄がおこなわれるかもしれないが、いうまでもなく、それは、無規制的な手数料取得権の変質以外のものではない。もしも、それが、官僚自身がかわるにつれてたえずかわりやすい要因ではさらになく、むしろある一定不変の量をあらわすものとすれば、じっさいに計算が可能なのであるから、贈賄はなお比較的に僅少の意義をもつだけであろう。もしも、官職請負いがひろくおこなわれるならば、官僚は、いかに非合理的な影響をおよぼそうとも、任意の恐喝手段によって、かれの投下資本を扶殖することを、直接唯一のたよりとするようになる。(d)あらゆる家父長制や家産制には、実質上――功利的または社会倫理的あるいは物質的な「文化」理想にてらして――経済を規制しようとする傾向が内在すること。この傾向は、正当性にたいする主張の性質や被支配者たちの満足をえようとする関心から生じるものであって、それだけに、法学者による法に重きをおく経済の形式合理性を打破する傾向をもつ。教権制的志向をもつ家産制にあっては、かような作用は最高度に決定的であるが、これに反して、純粋サルタン制は、その財政的恣意をつうじて影響をおよぼすことのほうが多い。

このようなわけで、正常の家産制的権力が支配するところでは、(a)商人資本主義、

——(b)徴税請負い・官職請負い・官職買受け的資本主義、——(c)御用商人的および戦費調達的資本主義、——(d)事情によっては、栽植企業的および植民地資本主義が生え抜きのものであり、ひじょうな殷賑《いんしん》をきわめることもしばしばである。ところがこれに反して、固定資本や自由労働の合理的組織をもった、私的消費者の購買力をあてにする営利企業は、ここには栄えない。それは、この営利企業が、計算可能性を攪乱《かくらん》するような司法・行政および課税の非合理性にたいして、極度に敏感なためである。

こうした事態が根本的にことなるのは、家産君主がみずからの勢力上および財政上の利害関心から、専門官僚群をともなった合理的行政にうったえるばあいだけにかぎられる。そのためには、(1)専門的訓練が存在するということ、——(2)同一文化圏の内部で多数の家産制的部分権力間にはげしい競合がおこなわれるという、通常例外なく、相当強力な動機、——(3)都市の自治団体が、たがいに競いあう家産制的権力に、財政力の支柱として関与するという、きわめて特殊な契機が必要である。

(1)西洋に特有な近代資本主義は、(わりあいと)合理的に管理された、西洋特有の都市団体において準備された(都市団体の特質については、のちほど別個に論じよう)。資本主義はもともと、一六世紀から一八世紀にかけて、市民勢力と営利関心との優越を特徴とする、オランダおよびイギリスの身分制的政治団体の内部で発達をとげたのである。しかるに、純粋に家産制的な、または封建制的・身分制的な影響をうけた、大陸諸国における、国家財政的・功利的に制約された第二次的模倣は、のちにはじまる資本主義の自主的発展と真に密接なつながりをもたなかった。ステュアート王朝の独占的産業とても、これとまったく同類であった。よしんば、個々の（農業政策的または工業政策的）施策が、範をイギリス、オランダ、またはおくれてフランスにとっていたかぎりにおいて、またそれによって、資本主義が成立するためのすこぶる重要な展開条件をつくりだしたとしても〔上述の点にかかわりはない〕（それについても、別に論及する）。

(2) 中世の家産制国家は、その行政幹部の一部分（なかんずく、世俗法および教会法に通じた法学者）が形式上合理的な性質をもつ点で、世界中のあらゆる政治団体の他の一切の行政幹部とは、原理的に区別される。この発展の源泉やそれの意義については、別のところでくわしく立ち入ってみたいとおもう。ここでは、本文のおわりにこころみられた一般的注意だけで、さしあたり十分であろう。

第四章　カリスマ的支配

〔10〕カリスマ的支配、その特徴と共同体化

非日常的なものとみなされた、ある人物の資質を、「カリスマ」とよぶことにしておく（もともと、このような資質は、予言者にあっても、治療とか法律の〔ことにすぐれた〕賢者にあっても、狩猟の指導者や勇将にあっても、呪術的な条件をそなえたものと考えられている）。このような資質をもつために、その人物は、ほかのなんびとにも近づきがたいような、超自然的または超人間的な、あるいはすくなくとも、とくに非日常的な力とか特性をもった者とみなされるか、それとも神からつかわされた者とか模範とすべき者と考えられ、またそれゆえに、「指導者」として評価されるのである。倫理的・審美的またはその他いずれの見地からみて、その当の資質が「客観的」にいかに正しく評価されるべきであろうかは、もとよりそのばあい、概念的には

まったくどうでもよいことである。肝心なのは、それが、カリスマの支配下にある人びと、つまり「信奉者」によって、じっさいにどのように評価されるか、という点だけである。

「勇猛戦士」[28]（その狂気じみた発作は、一定の毒物を服用したためであるとされてきたが、おもうにこれは誤りであろう。中世のビザンツでは、狂暴なカリスマ的戦闘心をそなえたこれら一群の人びとは、武器の一種と考えられた）、「シャマン」[29]（純粋な型では、癲癇に類した発作をおこす可能性が、忘我の境にはいる前提条件とされる呪術師）、あるいは、ことによると（完全に確実ではないが、おそらくじっさいには老獪《ろうかい》ないかさま師型をなす）モルモン派の開祖[30]、もしくは、クルト・アイスナー[31]のごとき、みずからの煽動《せんどう》の成功を断念した知識人――これらの人びとのカリスマは、価値判断にとらわれない社会学によって、一般的通念からみて「もっとも偉大」な英雄、予言者、救世主のカリスマと、まったく同じようにとりあつかわれる。

(1) カリスマの妥当性を決定するものは、被支配者による自由な承認であるが、これは、証しによって――はじめはいつも奇跡によって――確保され、啓示への帰依、英雄崇拝、指導者への信頼から生まれてくる。しかしながら（真正カリスマのばあいには）、これは、正当性の根拠ではなく、天職の自覚と証しとにによってこのような資質を承認されるにいたった者の責務なのである。心理的にみると、この承認は、法悦あるいは苦悩や希望から生まれた、敬虔《けいけん》で全人格的な献身である。

いかなる予言者も、自己の資格がかれについての民衆の意見に依存するものとはみなさなかった。選定王とかカリスマ的将軍で、反抗者とか離反者を不忠者以外の者としてとりあつかった者はいなかった。すなわち、形式上は自由意志によって徴募がなされていても、ある指導者の遠征に加わらないと、報いとして嘲弄《ちょうろう》をうけるのは、世のつねであった。

（2）もしも、証しが長らくのあいだあらわれず、カリスマ的天分に恵まれた者がかれの神とか呪術的または超人的な力にみはなされたことがあきらかとなるならば、また、もしも、かれが長らくのあいだ思うような成功をおさめず、なによりもかれの指導が被支配者に幸福をもたらさないならば、かれのカリスマ的権威は失墜することになるかもしれない。これが、「神の恩寵」のもつ真正のカリスマ的意味なのである。

古ゲルマンの諸王にたいしてさえ、「拒否者」があらわれることもある。同じようなことは、いわゆる原始民族のあいだにもおびただしくみとめられる。中国についてみると、君主のカリスマ的資格は（世襲カリスマ的に変容をうけることなく（〔11〕）を参照）厳格に要求された結果、どのような性質のものであろうと、すべての災厄、すなわち、戦禍だけではなく、旱魃《かんばつ》、洪水、不吉な天体の運行等々は、君主に公けの罪のつぐないを強い、ときとして退位を余儀なくさせたほどであった。そのばあい、かれは、天上神の要求する（古典的に定められた）「徳性」というカリスマをもたず、このようにして正当の「天子」ではなかったのである。

（3）宗団という支配団体は、情緒的一体化にもとづく団体である。カリスマ的首長の行政幹部は、「官僚群」ではなく、専門的訓練をほどこされることのいたってすくない人びとである。行政幹部は、身分的従属にもとづいて選抜されるのでもなければ、家への従属とか個人的従属という観点から選抜されるのでもない。そうではなしに、むしろ、それ自身として、カリスマ的資質にもとづいて選抜される。そこで、「予言者」には「信者」が対応し、「武将」には「従者」が照応し、「指導者」には総じて「腹心の人びと」が即応することとなる。「任命」とか「罷免」もなければ、「経路」も「昇進」も存在しないのである。そうではなしに、ただ指導者の思いつくままに、カリスマ的資格にもとづいて、適任者の招聘《しょうへい》がおこなわれるにすぎない。「階序」などというものは存在しない。一般的または個別的に、おそらくは依嘱された任務にたいして行政幹部の力ではカリスマ的に手に負えなくなったとき、指導者が干渉するにすぎないのである。「職掌」や「権限」のごときはもちろん、「特権」による職権の専有などというものも存在しない。そうではなくて、ただカリスマや「天職」に（ことによると）地域的ないし没主観的限界があるだけである。「俸給」や「秩禄」などは、あるよしもない。そうではなしに、信者や従者たちは、施しをうけて（主に）首長と愛情の、とりわけ友愛の共産制をなして生活する。確乎とした「官庁」はなく、首長の委任や自己のカリスマの範囲内で、カリスマ的に委任された使徒が存するにすぎない。行政規則も抽象的法規もなく、それらを基準とする合理的裁判もない。伝統的先例にならった不文法や判決も存在しないのである。そうではなしに、形式的にはそのばあいごとに即した法が作りだされるのであって、元来、神明裁判や啓示だけが決定的なのである。だが、実質的には、「といえることあるを、なんじら聞けり、——されどわれはなんじらに告ぐ」という命題が、すべての真正カリスマ的支配にあてはまる。真正の武将や総じてどの真正指導者とも同じく、真正の予言者はあらたな戒律を告知し、創造し、要求する。——カリスマの本来的な意味では、それは、啓示、託宣、霊感によってなされるか、あるいは具体的な形成意志によっておこなわれる。後者は、その由来のゆえに、信仰・防衛・党派その他の共同体によって承認されるわけである。承認は義務的なのだ。もう一つの競《せ》りあう命令が、カリスマ的妥当性を要求して、この命令に対抗しないかぎり、けっきょくは呪術的手段あるいは共同体の（義務的）承認によってしか決定されえない指導者闘争が存することになる。この闘争においては、必然的に一方のがわだけが正当とされ、他方のがわは不当の汚名をきせられ、その罪をあがなわなければならないであろう。

非日常的なものとして、カリスマ的支配は、合理的支配、ことに官僚制的支配にたいしても、また、伝統的支配、わけても家父長制的および家産制的あるいは身分制的支配にたいしても、きびしく対立する。合理的支配と伝統的支配とは、ともに支配の特殊な日常的形態であるが、――（真正）カリスマ的支配はとくにその対立物なのである。官僚制的支配は、概念的に分析することのできる規則への拘束という意味で、とくに合理的であるが、カリスマ的支配は、規則とはおよそ無縁であるという意味あいにおいて、ことのほか非合理的である。伝統的支配は過去の先例に拘束され、そのかぎりでは、これまた規則を旨とするものである。ところが、カリスマ的支配は、（そのおよぶ範囲内で）過去を顚覆《てんぷく》し、また、この意味で特殊に革命的である。それは、物財の所有にもとづいて、首長ならびに身分的権力者が、首長権力を専有することをゆるさない。カリスマ的支配が正当であるのは、人格的カリスマが証しの力により「妥当」し、つまり承認をうけ、腹心の人びと、信者、従者に「役立つ」かぎりにおいて、またそのあいだにかぎってであるにすぎない。人格的カリスマ〔の威力〕が証明されているあいだだけである。

上述の点は、ほとんど説明を加えるまでもないであろう。それは、予言者または勇将にたいするのとまったく同様に、純粋に「人民投票的」なカリスマ的支配者にもあてはまる（ナポレオンの「天才の支配」は、庶民を国王や将軍にした）。

（４）純粋カリスマは、別して経済とは無縁である。カリスマが登場するところでは、それは、「使命」とか内面的「任務」という、勝義における「召命」を構成する。純粋な型では、カリスマは、施し物を所得源泉として経済的に利用することを、軽蔑し拒否する。――このことはもちろん、事実であるよりは、要請であるにすぎないばあいのほうが多いのではあるが。といって、カリスマがつねに所有と利得を断念するというのでは毛頭ない。ただし、予言者とその信者たちは、ときとしてそうすることがある（以下参照）。勇将やその従者は戦利品を求め、人民投票的支配者とかカリスマ的党指導者は物的権力手段を求める。加うるに前者は、その首長としての威信を固めるために、みずからの支配の物質的光輝をひけらかそうとする。かれらのすべてがしりぞけるものは――真正カリスマ的類型が地歩を維持するかぎり――伝統的または合理的な日常のいとなみにほかならないのであり、それをめざして持続的におこなわれる経済活動による定「収入」の獲得にほかならないのである。一方では、喜捨による――大口寄付（進物、寄進、贈賄、大口の心付け）による――あるいは托鉢《たくはつ》による給養、他方では、掠奪《りゃくだつ》品、暴力によるか（形式上）平和的な恐喝は、カリスマ的需要充足の典型的な形式である。合理的経済の眼からみると、それは「不経済」の典型的勢力なのである。というのは、カリスマ的需要充足は、日常茶飯の生活にまきこまれることを忌避するからである。それは、内面的にまったく無関心の状態で、不定期の臨時利得をいわば「くすねる」ことができるにすぎない。「利子生活」は経済活動免除の形式であるが、これは――多くのばあいに――カリスマ的生存の経済的基礎たりうる。しかし、このことは、正常のカリスマ的「革命家」にはあてはまらないのがつねである。

ジェスイット教徒による僧職の拒否は、こうした「信徒」主義の合理的適用なのである。偉大な苦行者、托鉢僧団および信仰戦士のすべてが、そのたぐいであることはあきらかである。予言者のほとんどすべては、施しをうけてくらしを立てていた。無為徒食をこととする伝道者にたいして向けられた、「働かざる者食うべからず」というパウロの命題は、いうまでもなく、「経済」の肯定を意味するのではけっしてない。どのような仕方であれ、「片手間に」糊口《ここう》の資をうる義務を意味するだけである。そのわけは、「野の百合《ゆり》」[32]という本来カリスマ的な譬《たと》え話は、文字どおりの意味で実行可能なのではなく、あすの日を思いわずらうなという意味でのみ、実行可能であったからである。——他面、本来の意味において召された者を「経済的独立者」（したがって利子生活者）にかぎることによって、経済上の闘いをまぬがれさすことがあたりまえのこととされるのであるが、このことはなによりも、芸術的・カリスマ的信奉者のばあいに考えられることである（すくなくとも本来の意図からみて、シュテファン・ゲオルゲ[33]をめぐる人びとにおいてそうであった）*。

＊　この例をあげるにあたって、おそらく著者は、利子生活者の不労所得にもとづく側面ではなく、経済的な財貨の獲得を拒否する側面を念頭においていたのであろう（原著編者注）。

（5）伝統にしばられた時代では、カリスマは唯一の大きな革命的勢力である。「理性」（ratio）も同様に革命的な勢力であり、生活状態や生活問題を変更し、かくてまた間接的にこれらにたいする態度を変更することによって、さもなければ、知性化をとおして、まさしく外部から影響をおよぼす。カリスマがこれとことなる点は、内部からの変革ということであろう。この変革は、苦悩とか法悦から生まれ、各般の生活形式や「世俗」一般にたいするあらゆる態度を完全に刷新しつつ、中心的な心情や行為の方向を変化することを意味するのである。合理主義以前の時代では、伝統とカリスマとは、行為の志向方向全体をほとんど余すところなく両分する。

第五章　カリスマの日常化

〔11〕カリスマの日常化とその影響

カリスマ的支配は、その真正の形においては、とくに非日常的な性格をもっており、人格的資質のカリスマ妥当性およびその証しにむすばれた、厳密に人格的な社会関係をなしている。もしも、この社会関係が、まったく一時的なものにとどまることなく、永続的関係——同信者とか戦士または信者の「宗団」、あるいは、党派団体とか、政治的または教権制的団体——の性格をおびてくるならば、カリスマ的支配は、その性格を根本的に変化せざるをえない。いわば初発の状態において（in statu nascendi）のみ、その理念型的純粋性がたもたれるからである。こうして、カリスマ的支配は、伝統化されるか合理化（合法化）され、あるいは、種々の点で、双方の性質をおびてくることになる。その原動力には、つぎのようなものがある。

——(a)共同体の存続と生成発展によせる信奉者層の観念的または物質的な利害関心、(b)行政幹部、つまり従者、信者、党派の腹心などの、つぎのことがらによせる観念的および物質的な利害関心が、それにもまして強いこと。すなわち、かれらは、(1)〔カリスマ的支配〕関係を存続させようとし、——しかも、(2)そのさい、自己の地位が、観念的にも物質的にも、しっかりした日常的基礎のうえに打ち立てられるように、この関係を持続させようとする。外面的には、世をのがれ、家族や経済を度外視する「使命」にかえて、家族生活か、さもなければ満ち足りた生活をとりもどすということである。

こうした利害関心は、カリスマのにない手である人物が脱落し、かくて後継者問題がもちあがってくるさいに、とくに、はっきりとあらわれてくる。この問題がどういうふうに解決されるかは——いやしくもそれが解決され、したがって、カリスマ的宗団が存続し(あるいはここにはじめて成立する)ばあいには——いまや成立途上にある社会関係の全体的性質をきめるうえで、すこぶる重要なのである。

後継者問題は、つぎのようにして解決されうる。

(a)カリスマのにない手として首長となる資格のある人物を、〔一定の〕指標にしたがってあらたに物色すること。

かなり純粋な型としては、あたらしいダライ・ラマの物色があげられる（これは、神性の化身という指標にもとづいて童児を選抜するものであって、アピス牛(34)の物色とまったく類似している）。

そうなると、あたらしいカリスマ保有者の正当性は、〔一定の〕指標、したがって、それにかんして伝統が生じるような「規則」にもとづくことになる（伝統主義化）。それだけに、純粋に人格的な性格は影をうすめるようになる。

(b)啓示、すなわち、託宣、籤占《せんせん》、神明裁判あるいはその他の選抜技術によって。そうなると、あたらしいカリスマ保有者の正当性は、〔選抜〕技術のもつ正当性に由来するわけである（合法化）。

イスラエルの士師(35)は、往々にしてこうした性格をもっていたという。サウル(36)は、古い戦《いくさ》のお告げによって指定された、といわれている。

(c)従来のカリスマ保有者による後継者の指名と、共同体のがわからする承認とによって。

これは、ひじょうによくでてくる形式である。ローマの政務官の選任は、もともとまったくこうした性格をもっていた（これは、命令の作成と「中間王」[37]（interrex）の制度のうちに、もっともはっきりとたもたれている）。

そのばあいには、正当性は、指名をつうじて獲得された正当性となる。

(d) カリスマの資格をもった行政幹部のがわからなされる後継者の指名と、共同体による承認とによって。その本来の意味では、こうした手順を「選挙」、とくに「予選権」とか「推薦権」というふうに解釈することを、くれぐれもつつしまなければならない。自由な選抜ではなしに、きびしく義務的に拘束された選抜が問題なのであり、多数決ではなしに、適任者や真のカリスマ保有者の正しい指定や選抜が重要な点なのである。少数者といえども、的確にこれをみいだしえたのである。全員一致は要請であり、誤謬《ごびゅう》をみぬくことは義務なのであって、誤りに固執することは由々しい過誤である。「誤まった」選挙は、あがなわれなければならない（元来呪術的な）不当である［とされる］。

とはいえやはり、正当性は、ややもすれば正しさなどというものを一切ぬきにして強行された、権利取得の正当性であるかのような観を呈しがちであり、たいていは一定の手続き（新任式等々）をふんでおこなわれる。

これこそは、宗団の同意をえて聖職者やあるいは王侯によってなされた、西洋における司教および国王の戴冠《たいかん》式がもつ本来の意味なのであり、全世界におけるこれに類した無数の事象の本来の意味にほかならない。ここから「選挙」という観念が生じたのであるが、この点はのちに論究するはずである。

(e)カリスマが血統上の資格であり、それゆえ〔カリスマ〕保有者の氏族や、とりわけ近親者の身にそなわっている、という観念によって。これすなわち、世襲カリスマにほかならない。そのさい、相続制度は、かならずしも専有された権利にたいするそれであるとはかぎらない。異質的なばあいも多いのである。それとも、(a)から(d)までの手段をもちいて、氏族内で「正当」の継承者が確定されなければならない。

黒人部族のあいだでは、兄弟の果しあいがおこなわれる。たとえば中国において、相続制度は、（つぎの世代と）祖先の霊との〔系譜〕関係が、みだされないようなしくみになっている。年長者相続あるいは従者による指定は、オリエントではすこぶる多い（オスマン王朝において、他のありうべきすべての後継期待者を根だやしにするということが、「義務」とされていたのは、そのためである）。

長子相続権の明確な原理は、中世期の西洋および日本においてだけ、確乎とした地歩をきずいたにすぎず、ほかの国ぐにではわずかに散発的におこなわれただけである。政治団体の結束強化（世襲カリスマ的氏族から多数の継承要求者が〔名乗りをあげて〕闘争するのを回避すること）は、それによってはなはだしく促進されたのであった。

そうなると、信仰の重点は、もはや特定個人のカリスマ的資質におかれなくなり、相続制度のゆえに正当とされた〔カリスマの〕獲得におかれるようになってくる（伝統主義化および合法化）。「神の恩寵」という観念の意味は、完全な変更をうけ、いまや被支配者の承認に依存しない、自分一個の権利による支配を意味することになる。人格的カリスマは、まったく存在しないかもしれない。

世襲君主制、おびただしい数にのぼるアジアの世襲的教権制、および、知行や秩禄をうける資格や等級をしめす標識としての、氏族の世襲カリスマ（次節をみよ）は、この部類にぞくする。

(f)カリスマが、儀礼的手段によって、ひとりの保有者から他の人びとに移譲したり生みだしたりすることのできる、（元来呪術的な）資格である、という観念によって。これすなわち、カリスマの没主観化、別して官職カリスマにほかならない。そのばあいに、正当性にたいする信仰の重点は、もはや一定人物におかれるのではなく、獲得された資格や儀礼的動作のもつ効力におかれるようになる。

そのもっとも重要な例は、塗油式、聖別式または按手《あんしゅ》によって移譲され確証された司祭のカリスマ、塗油式や戴冠式によって移譲され確証された王のカリスマである。打ち消しがたい烙印（character indelebilis）は、司祭という人物の資質から官職カリスマ的資格が解きはなされることを意味している。それゆえにこそ、それはドナトゥス派[38]や、モンタヌス派[39]をはじめとして、ピューリタン（洗礼派）革命にいたるまで、たえざる闘争のきっかけとなったのである（クェーカーの「しもべ」は、官職カリスマ的説教者なのである）。

〔12〕カリスマの日常化とその影響（つづき）

日常化にたいする行政幹部の利害関心は、後継者の調達という動機からするカリスマの日常化と平行関係にある。信念や法悦から承認された首長をいただいた、このような行政幹部は、初発の状態においてだけ、また、カリスマ的首長が真に非日常的に君臨するあいだだけ、施物とか掠奪品あるいは臨時の収入でくらしてゆくことができるにすぎないのである。本来そのような生活にひきついでたずさわる心がまえをもち、その生活をまったく「観念的」に自己の「天職」と「心得る」ものは、少数の熱烈な信者層や従者層だけにすぎない。信者や従者の大衆は、物質的にもその生活を（けっきょくは）「天職」と心得ようとする。めしの食い上げにならないためにも、そうせざるをえないのである。

そのため、カリスマの日常化は、①従者または信者による首長権力や利得チャンスの専有という形で、また、かれらの後継補充を規制しつつおこなわれるようになる。②こうした伝統主義化とか合法化は、（規定が合理的であるかどうかにおうじて）さまざまな典型的形態をとることがあろう。

(1) 真正の後継補充様式は、人格的カリスマにもとづいたそれである。ところで、日常化にさいしては、従者または信者は後継補充のための基準、とりわけ、(a) 教育上および、(b) 資格審査上の規準をもうけることがある。

カリスマは、「喚起され」たり「試され」たりすることができるだけで、「習得され」るとか、「教えこまれ」ることはできない。各種の呪術的苦行（魔術師や英雄の苦行）およびすべての修錬期は、この部類にぞくするのであって、それは行政幹部の団体を（一部の者に）制限するものである（カリスマ的教育については第十二章をみよ）。試験ずみの修錬者だけが、首長権力への資格をみとめられる。真のカリスマ的指導者は、このような要求に首尾よく反抗することができる、——ところが、後継者はそうはゆかない。行政幹部によってえらばれた後継者（〔13〕の(4)）にいたっては、とくにそれがはなはだしい。

入社式や年齢階級をともなう「男子結社」における、一切の呪術師や戦士の苦行が、そのたぐいである。戦士としての試錬に耐えない者は、男子たるに値しない者なのである。つまり、従者の一団からは除け者にされる。

(2) カリスマ的基準は、ややもすれば、伝統的・身分的（世襲カリスマ的）基準に転化しうる。もしも、指導者の世襲カリスマ（〔11〕の(e)）に重きがおかれるならば、行政幹部やことによると信奉者の世襲カリスマでさえもが、選抜や斡旋《あっせん》の規準となるのは、いかにもありそうなことである。政治団体がこのような世襲カリスマの原理に厳重かつ完全にしばられているばあい、つまり、首長権力、知行、秩禄、百般の営利チャンスの専有が、すべてこの原理にもとづいておこなわれるばあいに、「族制国家」の類型が成立する。あらゆる権力や各般のチャンスは、伝統主義化される。族長（したがって、個人的にはカリスマによって正当づけられていない伝統的長老または家父長）は、〔権力の〕行使を規制するが、この行使はその氏族から奪い去ることのできないものである。地位の種類が、人間のまたは氏族の「等級」を決定するのではない。そうではなくて、世襲カリスマ的な氏族の格式が、かれの受けるべき地位を決定するのである。

主な実例。官僚制化以前の日本、またうたがいもなく広汎にわたって、合理化以前の中国の分国。カースト制度下のインド、ミエストニチェストヴォ[40]の実施以前また別の形ではそれ以後のロシア、同様に、いたるところにおける確乎とした特権をもった「血統身分」（それについては第十二章参照）のすべて。

(3) 行政幹部は、その成員のために、個人的な地位や営利チャンスの創出と専有を要求し達成することがあろう。そのばあい、伝統主義化あるいは合法化のいかんによって、(a) 秩禄（僧禄化——上述参照）、(b) 官職（家産制化および官僚制化——上述参照）、(c) 知行（封建制化）が成立する。これらはいまや、喜捨をうけたり掠奪物でささえられ、まったくこの世ばなれした原初的給養のかわりに専有される。

よりくわしくみると、〔つぎのとおりである〕。

(a)〔秩禄（僧禄化）〕のばあいには、(イ)托鉢による秩禄、(ロ)物納地代による秩禄、

(ハ)金納租税による秩禄、(ニ)役得による秩禄があり、はじめのうちはまったく布施による給養(イ)、または、合理的な財政組織にもとづく純粋に掠奪的な給養(ロ、ハ)の規制をつうじて専有される。

(イ)には仏教がぞくし、(ロ)には中国および日本の扶持米がぞくする。(ハ)は、一切の合理化された征服国家で通例であった。(ニ)の個々の実例は、どこにもたくさんみとめられるが、僧侶と騎士はその最たるものである。また、インドの軍事権力もその例である。

(b)〔官職(家産制化および官僚制化)〕のばあいには、カリスマ的天職の「官職化」は、家産制化の度をいっそう強めるか、それとも、より多く官僚制化に傾くかであろう。なんといっても、前者が通則である。後者は、古代および西欧近世にみいだされるが、それ以外のところでは比較的にまれであり、例外的に存在する。

(c)〔知行(封建制化)〕のばあいには、(イ)土地は知行としてあたえられるが、地位そのものがもつ天職としての性格はたもたれる。――(ロ)首長権力は完全に知行として専有される。

両者は分離しがたい。それでも、地位のもつ天職としての性格への志向は、しかく簡単に消滅しさるものではない。中世においても同様である。

〔12a〕　カリスマの日常化とその影響（つづき）

〔カリスマが〕日常化されるためには、カリスマの没経済性がとりのぞかれること、カリスマが国庫収入的（財政的）な需要充足形式に適応し、それとともに、租税・公課の負担にたえうるような経済的諸条件に適応することが、前提となる。天職が僧禄化の方向をあゆみつつあるときには、「俗人」は「聖職者」、すなわち、いまや日常化されるにいたったカリスマ的行政幹部（の「分け前」、κλῆρος〔クレーロス〕）にあずかる成員（成立途上にある「教会」の司祭）に対立するようになる。成立途上にある政治団体の従臣、受禄者、合理的な事例では、「国家」の官僚にたいして、さもなければ、いまや「腹心の人びと」のかわりに任命された党官僚にたいして、「租税納入義務のある臣民」が対立することになる。

これは、仏教徒やヒンズー宗派に典型的にみとめられる（『宗教社会学』をみよ）。永続的組織にまで合理化されたあらゆる征服国家においても、ご多分にもれない。党派やその他の元来は純粋にカリスマ的な組織にあっても、同様のことがいえる。

このように、カリスマ的支配団体は、日常化の進行につれて、日常的支配の諸形態である家産制的支配、とくに身分制的または官僚制的支配へと広汎に合流してゆく。本来の特殊性格は、首長ならびに行政幹部といった、専有者の世襲カリスマ的あるいは官職カリスマ的な身分的名誉のうちにあらわれ、したがって、首長としての威信の様態のうちにあらわれる。「王権神授」の世襲君主は、ただの家産制君主とか家父長とか族長ではない。従臣は家士とか官僚ではないのである。詳細については、「身分」論のところにゆずる。

概して、日常化は、闘争なしにおこなわれるものではない。忘れてはならないのは、最初に首長のカリスマにたいして人格的な要求がなされた、ということである。また、官職カリスマあるいは世襲カリスマと人格的カリスマとの闘争が、歴史上典型的な一つの過程なのだということも、忘れてはならない。

(1) 贖罪権（「永劫の罪をうけるべき」大罪の免除）は、個人的な殉教者や苦行者だけに帰属する首長権力から、司教や司祭の職権へと変形をとげたのであるが、この変形は、ローマ流の「官職」概念の影響をうけた西洋におけるよりも、東洋において、はるかに緩慢におこなわれている。世襲カリスマ的権力または職権にたいするカリスマ的指導者による革命は、国家をはじめとして（とくに現在では！）労働組合にいたるまで、あらゆる団体にみいだされる。だが、貨幣経済の経済相互間の依存度がましてゆくのにつれて、信奉者層の日常的欲求が加える圧力は、それだけ強まってくる。それにともなって、日常化への傾向も強まってくることになる。この日常化への傾向は、ところかまわず力をあらわし、きまって急速に勝利をおさめたのであった。カリスマは、宗教的（予言者的）支配あるいは政治的（征服による）支配の典型的な端緒的現象であるが、支配の基礎がかためられ、なかんずく、支配が大量成員的性格をおびるにいたるやいなや、日常の力に屈服するのである。

⑵カリスマを日常化させる推進力の一つは、いうまでもなく、あらゆるばあいに、安全を求めようとする努力である。すなわち、それは、首長の従者および信奉者のために、社会的優位と経済的チャンスを正当化することにほかならない。しかしながら、そのほかの動機は、制度や行政幹部が、行政の正常な日常的要求や日常的条件に適応せざるをえない、という客観的必然性なのである。行政上および司法上の伝統をささえる根拠が、わけてもそれにぞくする。正常の行政幹部も被支配者も、ともにこうした支柱を必要とするのである。さらに、行政幹部成員にたいし、地位がなにほどか制度化されていなければならないこと〔もその一つである〕。最後にまた、なによりもまず、――それについては、のちほど別に論じなければならないが――行政幹部およびすべての行政措置が、日常茶飯の経済的諸条件に適応していなければならないこと〔もその一つであ

る」。軍事的また予言者的カリスマの真の段階におけるような、掠奪品、軍税、進物、饗応《きょうおう》による費用の支弁は、けっして日常的・永続的行政の基礎たりうるものではない。

(3) それだから、日常化は、後継者問題だけによってひきおこされるのではなく、これのみにかかわるのではけっしてない。それどころか、カリスマ的な行政幹部や行政原理から日常的なそれへの移行が主要問題なのである。けれども、後継者問題は、カリスマの核心である首長自身とその正当性の日常化にかかわる問題である。それは、伝統的または合法的秩序および行政幹部への移行という問題とは反対に、こうした過程からのみ理解されるような、一種独特の特色ある概念をしめすものである。このうちいちばん重要なのは、カリスマ的後継者指名と世襲カリスマである。

(4) すでにのべたように、ローマは、カリスマ的首長自身による後継者指名の、歴史上もっとも重要な実例である。王（rex）にかんしては、後継者の指名は伝承の証明するところであり、独裁官や共同統治者および元首の跡目を継ぐ者の任命にかんしては、それは有史時代にしっかり定まっている。あらゆる上級官僚に至上権（imperium）が委託された仕方からも、ただ市民軍による承認という留保づきで、上級官僚にたいしても最高司令官による後継者指名が存していたことが、はっきりわかるのである。というのは、在官中の政務官によって任官志願者が試験され、また元来あきらかに意のままに除外されたということは、はっきりと発展の結果をしめしているからである。

(5) カリスマ的従者による後継者指名のもっとも重要な例は、――もともと――聖職者による指名と宗団による承認をつうじての司教、とりわけ教皇の任命であり、また、（シュトゥッツ[41]がおそらくあきらかにしたように）司教任命の範にならってのちに改められたドイツ王の選挙、すなわち、なにがしかの王侯による指名と（戦闘力のある）「人民」による承認である。これに類した形式は、すこぶるひんぱんにみとめられる。

(6) インドは、世襲カリスマ発展の古典的な国であった。あらゆる職業上の資格や、なかんずく一切の権威上の資格および首長としての地位は、そこでは、厳重な世襲カリスマ的拘束をうけたものとみなされたのである。首長権をともなう知行にたいする要求権は、王の氏族にぞくする成員にかぎられ、知行は族長の手をつうじて授与された。格段と枢要で影響力のあるグル[42] Guru（霊の指導者、Directeur de l'âme）の地位をふくめて、あらゆる教権制的官位は、世襲カリスマ的に拘束されたものとみなされた。割り振りで定まった一切の顧客関係、村落制度内のあらゆる地位（司祭、理髪師、洗濯屋、巡査等々）についても同じであった。宗派の開基は、どれも世襲的階序の設立を意味したのである（中国の道教においても、そうであった）。日本の「族制国家」（中国の模範にならって制定され、ついで僧禄制化や封建制化への発展をもたらした家産制官僚国家以前）においても、社会構成は純粋に世襲カリスマ的であった（その詳細については、別の関連において論じよう）。

支配的地位にたいするこのような世襲カリスマ的権利は、全世界にわたって同じような展開をとげた。個人の業績による資格賦与は、門地による資格賦与にとってかえられた。こうした現象は、いたるところにおいて、血統身分の発展の基礎をなすものである。それは、ローマの貴族のばあいにも、また、タキトゥスによると、ゲルマン人のあいだの「王族」（stirps regia）という観念においても、中世末期における比武〔騎士の馬上試合〕や聖堂参事会の会員資格を定めた規則にも、また、アメリカの新興貴族の近代的系図調べにも、ひとしくみとめられるところであり、総じて「身分的」分化〔それについては後述参照〕がすっかりおこなわれたところでは、どこでもみとめられる現象である。

経済にたいする関係。

カリスマの日常化は、持続的に作用をいとなむ日常的勢力としての、経済の諸条件への適応と、きわめて重要な点で一致する。そのさい、経済〔のはたす役割〕は指導的なのであって、被導的なのではない。ここでは、世襲カリスマ的ないしは官職カリスマ的変形は、既存または既得の処分権力を正当化する手段として大いに役立つ。とくに、世襲君主制への固執は、――そのほかにもあながちなおざりにすることのできない忠誠観念があるけれども――つぎのような考慮によってもいちじるしく制約されている。もしも、王位世襲の神聖への内面的拘束がすたれるならば、一切の世襲財産や正当に獲得された財産の基礎はぐらつくであろう、という考慮がすなわちこれである。それゆえに、世襲君主制の固持が、たとえば、プロレタリアートにとってよりも、有産階層にとっていっそうふさわしいことに、なんの偶然もないのである。

それはともかく、経済にたいするさまざまな適応の可能性の関係について、まったく一般的なこと（同時にまた、即物的に内容と価値をもつこと）は、おそらく断言できないであろう。この点は、いずれ特別に考察するまで、保留しておかなければならない。僧禄制化や封建制化および各般のチャンスの世襲カリスマ的専有は、あらゆるばあいに、停滞化への方向にはたらき、また、それをつうじて、経済に反作用することがあるのであって、それらがカリスマから発達してくるばあいでも、家産制的および官僚制的端緒状態から発達をとげるばあいでも、まったくことなるところはない。カリスマの力は、おおむね経済にたいしてもおそろしく革命的であり、――（おそらくは）あらたにして「無前提的」な志向をもつので、最初は往々にして破壊的なのであるが、――このばあいには、このカリスマの力は、はじめの作用とは反対の方向に転向することになるわけである。

（カリスマ的）革命の経済学については、いずれ別個に論じることにする。それは、はなはだしく多様をきわめている。

第六章　封建制

〔12b〕封建制、レーエン（知行）封建制

〔12〕の(3)にあげた最後の事例（(c)知行）については、まだ別に論じなければならない。それというのも、家産制とも真正または世襲カリスマ制ともことなっており、絶大な歴史的意義をもっていた支配団体の構造が、そこから生じてくることがあるからである。これが、封建制にほかならない。純正の形態として、われわれは、レーエン（知行）封建制とフリュンデ（秩禄）封建制とを区別したい。軍役とひきかえに家士保有地を授与する、他のあらゆる形態は、「封建制」とよばれているが、じっさいには家産制的（家内隷従的）な性格をもっており、ここでは格別にとりあつかうまでのこともない。というのは、秩禄の多種多様な種類については、のちほどくわしく叙述するところで、はじめて論じなければならないのだから。

(A) 知行はつねに、(a)首長の権力と権利の専有を意味している。すなわち、知行として専有される命令権力は、(イ)自己の家計内にかぎられるか、それとも、(ロ)団体にぞくしはするが、経済的(国庫収入的)なものにかぎられるか、そうでなければ、(ハ)団体的な命令権力であるかであろう。

授封は、特殊な給付、普通には、主として軍事上ならびに行政上の給付とひきかえに授与された結果として生じる。授与はひじょうに特殊な仕方でおこなわれる。すなわちそれは、(b)本来、純個人的に、首長と受封者(従臣)との生涯にわたっておこなわれる。さらにそれは、(c)契約により、したがって、一個の自由な臣下との契約によって生じる。かれは、(ここでレーエン〔知行〕封建制とよばれた関係のばあいに)、(d)特有の身分的(騎士たるにふさわしい)生活様式をもっている。(e)授封契約は月並の「取り引き」ではない。それは、(なるほど)不平等な権利にもとづくとはいえ、盟友の契りなのであって、その結果として双方の忠誠義務を生じるのである。忠誠義務は、(イ)身分的(騎士的)名誉を基礎としており、(ロ)明確に限定されている。〔(12)の(3)「(c)のばあい」のところでのべておいたように〕類型(イ)〔土地は知行としてあたえられるが、地位そのものは天職としての性格をたもつ事例〕から類型(ロ)〔首長権力が完全に知行として専有される事例〕への移行は、〔つぎのばあいに〕おこなわれる。①それぞれのあらたな首長にたいし、それぞれのあらたな占有者によって、忠誠誓約がむすばれ、かつ更新されるという前提のもとでだけ、知行が世襲的に専有され、そのうえさらに、②あらゆる知行が身分成員の衣食の資とされる関係上、授封された行政幹部が授封強制を貫徹する、というばあいである。

前者は、中世のかなり初期におこなわれ、後者は、その後の経過においておこなわれた。従臣にたいする首長の闘争は、なによりもまず、この原則を〔暗黙のうちに〕とりのぞくことをねらっていた。この原則こそは、首長みずからの家産制的「家権力」をととのえ、とくに獲得することを、不可能としたからにほかならない。

(B) 封建的行政(レーエン〔知行〕封建制)が完全に実施されると——こうした絶対的純粋性は、純粋家産制と同様、いまだかつてみとめられないのではあるけれども——、それは〔つぎのことを〕意味する。

(a) あらゆる首長権力は、忠誠誓約があればこそ存続する、従臣の給付チャンスにまで収縮してしまう、——

(b) 首長とその従臣、従臣とその知行をさらに分与された(下封された)陪臣、さらには、この陪臣のあるいは存するかもしれない家来とのあいだの、純粋に人格的な忠誠関係の体系によって、政治団体は完全におきかえられる。首長はその従臣にたいし、従臣はその陪臣等々にたいして、忠誠を要求するにすぎない。

(c)首長が従臣から、従臣はその陪臣等々から、知行を取りあげることができるのは、「謀叛《むほん》」のばあいだけにかぎられる。しかし、そのさい、不忠の臣にたいして首長が唯一のたのみとするところは、ほかの従臣の支持とか、「不忠者」の陪臣がやすやすと動かないことなのである。この双方のどちらも、〔ほかの〕従臣とくに〔不忠者の〕陪臣のがわで、〔上級〕首長にたいする同僚、とくに〔下級〕首長の謀叛の事実があると判断するばあいにかぎって、期待されるにすぎない。ところで、このばあいのように、自己の首長の上級首長にたいする闘争が例外であるという原則を、下封にあたって首長がすくなくとも徹底させていないのであれば、不忠者の陪臣そのもののあいだに、これを期待することはできない(これを達成しようとする努力は、つねになされたのであるが、かならずしも達成されはしなかった)。

(d)下封の序列におうじて、身分制的な封建的階序(ザクセン宝鑑[43]では、「ヘールシルト[44]」)が成立する。だが、これは、「審級順序」でもなければ、「階序」でもない。なぜなら、ある措置または判決に異議を申し立てることができるかどうか、できるとすればだれに申し立てるかということは、原則として「オーバーホーフ」制に準ずるのであって、封建的階層制度に準ずるのではないからである（オーバーホーフは、たとえじっさいにはそうではないのが普通であっても、――理論上は――裁判権力を占有する一同僚に授与されることがあろう）。

(e)家産制的あるいは団体的首長権力の受封者として、封建的階序に立たない者は、「領民」すなわち家産制的隷属者である。かれらの伝統的地位、とくに身分的地位がその原因となるか、それをゆるすかぎりにおいて、あるいは、軍事的受封者の権力にたいしかれらがいちじるしく無力であるために、この権力がそれを強行できるというかぎりにおいて、かれらは受封者に隷属するのである。領主の土地ならざるはなし（nulle terre sans seigneur）という命題は、ちょうど首長にたいするのと同じように（授封強制）、受封者でない人びとにたいしてもあてはまる。――封主が親しく滞在するところでは、首長権力、とりわけ裁判権力はかれに帰属するという原則は、ほとんどつねに存在する原則であるが、これこそは、かつての直接的な団体的首長権力の唯一の残滓《ざんし》なのである。

(f)自己の家計内の権力（御料地、奴隷、隷農にたいする処分権力）、団体による財政的権利（徴税権および公課取り立て権）および団体による命令権力（裁判権力および徴兵権、したがって「自由人」にたいする権力）は、いずれも同じように授封の対象とはなる。けれども、普通には、団体的命令権力は、特殊の秩序のもとに従属しているのである。

古代中国では、純粋な地代知行と領域知行とは、名前のうえでも区別された。西洋の中世ではそのような区別はないが、身分的資格や、ここではとりあつかわれなかった無数の細目の点で区別されていた。

団体的命令権力は——のちほど別に論じられるように——さまざまな移行や停滞はあるにしても、授封された財産権にならって完全に専有されるのがつねである。〔だが、それにもかかわらず〕つぎの点は、例外なしにみとめられるところである。すなわち、家計的または純粋に国家財政的な権利だけをあたえられた者と、団体的命令権力、つまり裁判領主権（なかんずく刑事裁判権）と軍事領主権（とりわけ軍旗知行[45]）を授与された者（政治的従臣）との身分的差別が、これである。

ほぼ純粋なレーエン（知行）封建制にあっては、首長権力は、いうまでもなく高度に不安定である。というのは、首長権力が、ひとえに、行政手段を所有し、これを知行として専有する、行政幹部の服従意欲と、したがって、純粋な個人的忠誠とに依存しているからである。このようにして、首長権力をめぐる首長と従臣との暗闘は、そのばあいに慢性化する。真に理念型的な封建《レーエン》的行政（(a)から(f)までに即した）は、いずこにおいても貫徹されるとか、じっさいの永続関係をたもったためしは、なかったのである。首長にそれをする力があったところでは、かれは以下の手段にうったえたのであった。

(a)純粋に私的な忠誠の原則（(c)および(d)）にたいしては、首長はつぎのいずれか一つの手段を強行しようとする。

(イ)下封を制限するか、それとも禁止すること。

これは、西洋においてひんぱんにおこなわれたが、こともあろうに、行政幹部自身の勢力関心のために、かれらによってなされたばあいが多い（このことは、中国では紀元前六三〇年の諸侯連合[46]にもみとめられる）。

(ロ)上級封主である首長にたいする戦争にさいして、陪臣がその〔下級〕首長にたいしてつくすべき忠誠義務を無効とすること、——

もしも可能ならば、(ハ)上級封主であるかれにたいする直接の忠誠義務を陪臣にも負わせること。

(b)首長は、団体的首長権力の運用を統制するかれの権利を、〔つぎの方法によって〕確保しようとする。(イ)上級封主であるかれのもとに訴願し、また、かれの裁判所に控訴する権利を領民にあたえること、(ロ)政治的従臣の法廷に監督官をおくこと、(ハ)あらゆる従臣の陪臣にたいし、徴税権をみずから有すること、(ニ)政治的従臣をなにがしかの官僚に任命すること、(ホ)①上級封主であるかれが臨席し、そればかりか、他人を〔代理として〕推したばあいに、あらゆる首長権力がかれにゆだねられ、②封主として、かれは、いかなる要件をも、思うがままに自己の法廷に召喚しうる、という原則を堅持すること。

(c)（首長権力の他の専有者にたいするのと同様に）従臣にたいして、首長は、つぎのばあいにだけ、この権力を獲得し、または主張することができる。つまり、首長が自己の行政幹部をもうけるか再設し、あるいはそれをしかるべく組織するばあいである。

(イ)これは、家産制的（家内隷従的）行政幹部であることがあろう。
わが国の中世では、往々にしてそうであった。日本では、将軍の幕府にこれがみとめられる。幕府は、大名をきわめて厳重に統制したのである。

(ロ)それは、家産外的な、身分的に学芸の素養がある行政幹部であることもあろう。

（キリスト教、バラモン教およびカーヤスツ[47]、仏教、ラマ教、イスラム教の）聖職者、あるいは人文知識人（Humanisten）（中国では儒教学者）。それらの特色や絶大な文化的影響については、第十二章を参照されたい。

(ハ) それは専門的訓練、とりわけ、法律上や軍事上の訓練をうけた行政幹部であることもある。

中国では、一一世紀に王安石によって提案されたが、うけいれられなかった（しかし、当時もはや封建諸侯にたいしてではなく、文人政治家（Literaten）にたいして提案がなされたのである）。西洋では、教会や国家における大学教育に民政への補充がまかされていた（教会では教会法によって、国家ではローマ法によってこれがおこなわれた。イギリスでは、ローマ的思考形式によって合理化をほどこされたコモン・ロウ[48]がそれであった）。これは、近代西欧国家の萌芽をなすものである）。西洋の軍隊行政にかんしては、封主のかわりに登場した資本家的軍隊企業者（傭兵隊長）はその前段階をなすものであったが、一七世紀以降（イギリスとフランスではそれ以前に）、諸侯の合理的財政によって、資本家的軍隊企業者が王侯権力に収用されることをつうじて遂行されたのである。

首長と封建的《レーエン》行政幹部とのこうした争闘は、近代ではいたるところで、はじめ西洋において、首長すなわち官僚制的行政の勝利におわったのであった。——この争闘は、（日本ではなく）西洋において、身分団体の勢力に対抗する首長の争闘としばしば符合し、部分的にはまったく一致しさえする。——それは、まず西洋で生じ、ついで日本、インド（また、おそらくは中国）において、さしあたり外国支配の形でおこなわれた。それにとって決定的であったのは、西洋におけるまったく歴史的にあたえられた勢力関係とならんで、経済的諸条件なのである。なかんずく、（そこでのみ西欧的な意味で発展をとげた）都市を基盤とする市民層の成立と、さらには、合理的（というのは、官僚制的）行政をつうじての、勢力をめぐる諸国家の競争と、国家財政上の必要から生じた、資本主義的利害関係者との同盟とが決定的であった。この点については、のちにのべるとおりである。

〔12c〕　フリュンデ（秩禄）封建制およびその他の封建制

「封建制」のすべてが、西欧的な意味でのレーエン（知行）封建制なのではない。そのほかにも、まず第一に、

（A）国庫収入的に制約されたフリュンデ（秩禄）封建制がある。

この種の封建制は、イスラム的近東諸国およびムガール支配下のインドに典型的である。これに反して、始皇帝以前に存した中国古代の封建制は、そのほかにフリュンデ（秩禄）封建制もあるにはあったが、すくなくとも一部は、レーエン（知行）封建制であった。日本の封建制は、大名のばあいに、首長（幕府）の自己統御をつうじて強く統制された、レーエン（知行）封建制である。けれども、武士や武家の知行は、（しばしば専有された）家内隷従的秩禄なのである（それは石高――年貢米収益――によって査定される）。

フリュンデ（秩禄）封建制について、われわれは、つぎのばあいに論じたいとおもう。すなわち、(a) 秩禄、したがって、年貢の専有が問題になるばあいである。年貢は、収益にもとづいて評価され、かつ授与される。――さらに、(b) 専有が（かならずしもつねに実施されないにもせよ、原則として）個人的に、しかも功労のいかんにおうじておこなわれ、したがって、おそらくは昇進をともなうばあい。

トルコの騎兵の秩禄は、すくなくとも法律上はそうであった。

だが、なかんずく、(c) 個々の自由な私的忠誠関係が、主として首長との結盟契約を介して人格的に設定され、その結果として、個々の知行が授与されるのではなしに、いずれにせよ家産制的（しばしばサルタン制的）な、首長の公課取立団体の主要な国庫収入的目的が眼目であるばあい。これは（たいていは）、収益をあげる対象物が、土地台帳にもとづいて査定され、授与されるところにあらわれている。

レーエン（知行）封建制は、主として、政治団体の需要充足が（ほとんど）純粋に実物経済的で、しかも私的であるばあいに（勤役の義務および防衛の義務〔がおこなわれるばあいに〕）、必然的にではないにせよ、きわめて規則的に生じてくる。訓練をほどこされず、経済的にゆとりがなく、もはや完全に武装自弁の能力をもたない徴兵制のかわりに、なにはさておき、訓練され武装され、人格的名誉によってむすばれた、騎士軍が要求されるのである。フリュンデ（秩禄）封建制は、通例、すぐれて、貨幣経済的財政運営が変動をきたす（実物給付による財政運営へと「退化」する）ばあいに発生してくる。それは〔つぎのようなことがらから〕ひきおこされるかもしれない。

(イ)不安定な収入につきものの危険負担を、請負人に転嫁すること（したがって、これは一種の徴税請負いの変化を意味する）。このようにして、それは、①家産制的君主の軍隊にたいし、一定の戦士（騎兵、ことによると戦車、装甲兵、輜重《しちょう》、ときには大砲）を用立てる仕事をひきうけるのとひきかえに〔移譲される〕。

中国の中世では、これがしばしばみとめられる。個々の種類の戦士たちは、地域単位ごとに実物給与を支給されたのである。

事情によっては、それに加えるに、あるいは単独に、②民政に要する費用を支弁したり、③租税総額を君主の倉庫に納入すること。

インドでは、これがひろくおこなわれた。

もちろん、それとひきかえに（これらの義務を履行することができるためにも）④種々の範囲にわたる首長権の専有がゆるされる。普通には、この専有は、さしあたり解約を告知することも買いもどすことも可能であるが、そのような資力がないときには、事実上確定的であることが多い。このような確定的専有者は、そのばあい、すくなくとも土地領主となるのであって、しばしば、おびただしい団体的首長権力をも所有するようになる。

なかんずく、インドにおいてそうである。そこでは、ザミーンダール(49)、ジャーギールダール、およびトゥルクダール(50)の土地領主制があまねくゆきわたっていた。しかしまた、C・H・ベッカー(51)（かれは西洋の封建制とのちがいを正しく理解した最初の人である）が、くわしくのべているように、それは、近東諸国の大部分にもみとめられる。それは、主として徴税請負いであり、付随的にそこから「土地領主制」が生まれてくる。ルーマニアの「ボジャール」[52]も、はじめ徴税請負人として首長権を専有したのであるが、かれらは、ユダヤ人、ドイツ人、ギリシア人等々、すこぶる雑多をきわめた社会の血筋をひく人びとなのである。

(ロ)家産制的軍隊に給料を支払う能力がなかったり、この軍隊が簒奪され（これが事後的に合法化され）ると、その結果、将校や軍隊によって、租税源泉である土地と臣民が専有されるようになるかもしれない。

カリフの帝国[53]における有名な大汗が、それにあたる。それは、（形式的にはたしかに奴隷軍であった）マムルーク人の軍隊による専有にいたるまで、あらゆる東洋的専有の源泉あるいは模範であった。

このことは、かならずしも土地台帳にもとづいて整備された秩禄の授与を結果するとはかぎらないけれども、それと密接な関係があり、また、そうした結果をもたらすこともありうる。

トルコの騎兵の知行が、「知行」とかあるいは「秩禄」にどの程度まで近い関係があったかということについては、ここでは詳論をさしひかえておかなければならない。ただし、法的には「功労」にのっとった「昇進」はおこなわれていた。

〔知行および秩禄という〕二つの範疇が眼につかない過渡的形態によってむすびついており、いずれか一方の範疇にはっきりと分けることが、ごくまれにしか可能でないのは、あきらかなところである。そのうえ、フリュンデ（秩禄）封建制は、純粋な僧禄化とひじょうに密接な関係があり、また、そこにも流動的・漸次的な推移が存している。

用語がいくぶん不正確なきらいもあるが、首長との自由な契約にもとづくレーエン（知行）封建制、および国庫収入的なフリュンデ（秩禄）封建制のほかに、なお、（B）（いわゆる）ポリス封建制が存在する。これは、純粋に軍事的な生活様式や高い身分的名誉をもち、相互に同じ権利に立つ土地領主の（現実的あるいは擬制的な）集住にもとづくものである。経済的にみると、「クレーロス」は、単独で相続する資格のある者によって私的に専有された一区画の土地をなしており、（身分財産として配当された）奴隷民の労役によって耕作され、また、武装自弁の基礎をなすものである。

この種の状態は、「男子結社」から生じたもので、わずかに古代ギリシアにおいて（完全な発達をとげた形は、スパルタにおいて）のみ証明しうるにすぎない状態であるが、にもかかわらず、それが比喩的な意味でかろうじて「封建制」とよばれうるのは、これら土地領主が独特の身分的名誉の因習をもち、騎士たるにふさわしい生活様式をもつからにほかならない。ローマでは、フンドゥス（fundus＝同輩の権利）という語は、ギリシアのクレーロス（κλῆρος）に対応するものではあるが、しかし、同じように組織されていたとおもわれるクリア（curia これは co-viria からきた語で、ἀνδρεῖον すなわち、男子結社と同義である）の制度については、なんらの消息もここにはないのである。

世上一般に、一切の身分的に特権のある軍事主義的階層、制度および因習を称して、ごくひろい意味で「封建的」という言葉を用いるのが、おおかたのならわしである。しかし、この用語はまったく不正確であるから、ここではそれにふれないことにする。

（C）〔つぎのばあいには〕なるほど授封された対象（知行）は存在するけれども、〔以下のような〕逆の理由から、それは、われわれにとって〔知行ではなく〕秩禄なのである。

(1)騎士たるにふさわしい生活はおくるが、隷属的な地位にある人びとにたいし家士知行が授けられるばあい、同じく(2)家士知行が、自由に徴募されはするけれども、騎士たるにふさわしくない戦士にあたえられるばあい、最後に、(3)戦士として用いられる被護者、土着農民、奴隷にたいし家士知行が授与されるばあい。〔これらが知行とみなされないのは、〕(1)のばあいに、それが自由な契約（首長または同一身分成員との結盟）により獲得されるのではなくて、みずからの（家産制的）首長の命令によりひきうけられるからであり、あるいは(2)のばあいには、契約はなるほど自由ではあるけれども、高貴な騎士たるにふさわしい生活様式の基礎に立脚してひきうけられないためであり、それとも(3)のばあいには、右記のいずれでもないからである。

(1)の例は、西洋および東洋の家士、日本の武士である。

(2)の例は、オリエントにあらわれた。これはおそらく、たとえば、プトレマイオス王朝の戦士たちのばあいが起源であろう。のちに家士保有地が世襲的に専有されるにいたった結果として、職業としての戦士も専有者とみなされたのであるが、このことは、徭役納貢《ライトゥルギー》義務的国家への発展の典型的所産なのである。

(3)の例は、古代エジプトにおけるいわゆる「戦士カースト」、中世エジプトにおけるマムルーク人、オリエントおよび中国の焼印を押された戦士（かれらは、かならずしもつねにではないが、土地を貸与されていたことがまれではない）などである。

そのさいにも、まったく不正確に「封建制」が云々される。けれども、それは、――このばあいに、（すくなくとも形式上は）特権のない――純粋に軍事的な身分の存在、というほどの意味なのである。身分については、第十二章で論じよう。

〔13〕　種々の支配類型の混合

上述したところからも、これまで論じられた「純粋」型のいずれか一方にだけぞくする支配団体がきわめてまれであるということに、一点の疑問の余地もありえない。しかも、とくに合法的支配や伝統的支配のうちで重要な事例である、合議制と封建的原理については、まだ全然論及していないか、あるいはただそれとなくほのめかしてきたにすぎない。けれども、一般に、つぎの点は銘記されなければならない。それは、あらゆる支配、したがって、あらゆる服従の基礎が、一人またはそれ以上の支配者のためにささげる信仰、つまり、「威信」の信仰にほかならないということである。このような信仰が、まったく一義的であるばあいはまれである。「合法的」支配にあっても、それが完全に合法的であるのではけっしてない。むしろ、正当性の信念は、「慣れしたし」んだ結果であり、したがって、それ自身伝統に制約されているのである。——伝統が打破されれば、この信念さえも烏有《うゆう》に帰するであろう。また、いかなる政府も、ひきつづいて重大な失政をかさねれば、破滅の余儀なき羽目にたちいたり、その威信を失墜し、カリスマ的革命の機を熟させるのであるが、こうした消極的な意味では、この信仰はカリスマ的でもある。このように、「君主制」にとって敗け戦さが危険なのは、君主制のもつカリスマが「正真正銘」でないことが暴露されるからであり、「共和制」にとって勝ち戦さが危険なのは、凱旋《がいせん》将軍がカリスマの資格をもった人物だと目されるためである。

純粋に伝統的な共同体は、さだめし存したことであろう。けれども、(事情しだいでは、純粋に伝統的な長とならんで)個人的に世襲カリスマ的または官職カリスマ的な長を欠くならば、それはけっして無条件に長つづきすることはないし、(あったとしても)めったにないであろう。——こうしたことは、官僚制支配についてもいえることである。日常の経済的必要は、伝統的首長の統率下で充足され、非日常的必要(狩猟、戦利品)は、カリスマ的指導者のもとでみたされた。「規則を制定」することが可能であるという考えも、同様にかなり古い(もちろん、その多くは神託によって正当化されている）。だが、なんといっても、行政幹部が家産外的に補充されるようになりさえすれば、形式のうえからではなく、その妥当性の究極の根拠によって、わずかに合法的官僚制と区別されるような範疇の官僚がつくりだされるのである。文句なしにまったくカリスマ的な支配（純粋に世襲カリスマ的等々の支配をふくめて）も、同様にまれである。厳格をきわめた官僚主義――ナポレオンのばあいのように――あるいは、種々の僧禄的また封建的組織が、カリスマ的支配から直接に生じてくることもありうる。このように、専門用語や決疑論は、遺漏のないことを期したり、歴史的現実を図式のなかにはめこもうなどという目的を、いささかも有しないし、またもちうるはずがないのである。ある団体のどういう側面があれこれの標識に適合するか、それともそれに近いかを、その都度断定できるという点が、その利点といえば利点なのであるが、いずれにせよ、それは、ときとして大いに啓発することもあるのである。

行政幹部が存在して、法規の実施と強制をめざして持続的に行為するという事実は、あらゆる支配形態において、服従を維持するために死活上の重要問題である。こうした行為の存在こそは、「組織」という言葉で意味されるものにほかならない。そのためには、さらに、行政幹部と首長との（観念的また物質的な）利害の連帯が決定的である。首長と行政幹部との関係にとっては、右の連帯にささえられた首長が、〔行政幹部の〕個々の成員にくらべれば強いけれども、全員にたいしては弱い、という命題があてはまる。しかしながら、首長にたいする妨害とか意識的な反抗を計画的に、それゆえまた、首尾よくやってのけ、首長の統率を骨抜きにするためには、行政幹部が計画的に結社を形成する必要がある。同様に、支配を打破しようと欲する者はだれでも、かれが従来の首長にたいして現幹部の黙認と協力とをたのみにできないのであれば、自己の支配を可能にするために、自己の行政幹部をもうける必要がある。行政幹部自身の正当性と給養の保証とが首長のそれに依存するばあいには、首長との右のような利害連帯は極限にまでたっするのである。個々の成員が、この連帯から離脱する可能性は、構造のいかんによってひじょうにまちまちである。そうした可能性は、行政手段からの完全な分離がなされているばあい、したがって〔伝統だけにもとづく〕純粋に家父長制的な支配、純粋に家産制的な支配および〔行政規則だけにもとづく〕純粋に官僚制的な支配において、もっとも困難であり、身分的専有〔知行、秩禄〕にあって、もっとも容易である。

最後にとくに〔つけ加えておくが〕、歴史的現実は、一方または他方の専有あるいは収用をめぐる、首長と行政幹部とのあいだの、多くは潜在的な不断の闘争なのである。ほとんど文化全体の発展にとって決定的であったのは、⑴この闘争そのもののたどったなりゆきであり、⑵首長に味方した当の官僚層の性格であった。この階層が、封建的その他の専有された権力にたいする闘争において、首長が勝利をおさめるうえで助けとなったのである。儀礼上のことに通じた学識者、聖職者、純粋に世俗的な被護者、家士、法律学の訓練をうけた学識者、専門的財務官僚、私的名望家（概念については後述参照）が、これにあたる。

行政史ばかりではなく、文化史のかなりの部分が、かような闘争や発展の特質（の記述）についやされるゆえんはほかでもない、教育の方向がそれによって規定され、また、身分形成の仕方がそれによって決定されたからなのである。

⑴俸給、役得チャンス、賜物、知行は、たがいにはなはだことなった程度と意味において、幹部を首長にくくりつける（その点後述）。しかし、それにもかかわらず、これらすべてに共通する点は、当該収入および行政幹部の一員であることにむすびついた、社会的勢力や社会的名誉の正当性が、それらを授与し保証してきた首長の正当性が危険にさらされるようなことでもあれば、危殆《きたい》に瀕するようになるということである。正当性があまり重くみられなかったにもかかわらず、かくも重要な役割をはたす理由は、このへんに存している。

⑵ わが国における、これまで正当的であった支配の崩壊の歴史は、一方では、大戦による伝統のきずなの打破と、他方では、敗戦による威信の失墜とが、いかにして、非合法的行動への組織的な馴致《じゅんち》とむすびつきながら、それと同じくらいに軍規や労働規律への服従心をゆりうごかし、こうしてまた、支配をくつがえす素地をつくったかを、しめすものであった。——他面において、あらたな権力保持者のもとで、かつての行政幹部の機能が依然として円滑に持続され、ひきつづきその秩序が通用したという事実は、官僚制的合理化という事情のもとで、この幹部の個々の成員がその没主観的な任務に不可分に拘束されているということをしめす、きわだった実例をなすものである。すでにのべたように、その理由は、（大多数の官僚にあって、これがあずかって力があったことは疑いを容れないとしても）地位、俸給および年金にたいする配慮、といった私経済的な理由のみにつきるものでは、毛頭なかった。これとまったく同様に、こんにちの条件下において行政機能が停止するならば、まかりまちがえば（官僚そのものをもふくめて）全人口にもっとも基礎的な生活必需品を供給する途が途絶をきたすことにもなりかねない、という没主観的（イデオロギー的）な理由でもあったのである。それだからこそ、官僚の（没主観的）「義務感情」へのよびかけが功を奏したのであり、また、このような没主観的必然性は、従来の正当的権力やその支持者たちの承認をうけるところとさえなったのである。

(3) 現時における革命の経過につれて、労兵代表委員会のなかにあらたな行政幹部が生まれてきた。さしあたり、これらのあたらしい幹部を組織する技術が「案出」されなければならなかったが、そのほかの点は、戦時中の諸事情（武器の所有）に制約されていた。武器の所有がなかったならば、いやしくも革命などというものは不可能であったにちがいない（この点および歴史上の類例については、のちにふれよう）。旧《ふる》い権力の力を奪取することは、合法的上司にたいするカリスマ的指導者の反抗とカリスマ的追随者の創出をつうじてのみ可能であったし、また、この勢力の主張をつらぬきとおすことは、専門官僚幹部を温存することをつうじて、技術的にも可能なのであった。従来のあらゆる革命は、まさしく近代的諸事情のもとにおいて、専門官僚が不可欠であるということと、みずからの幹部が存在しなかったということのために、むなしく挫折したのであった。以前におこなわれたあらゆる革命の前提条件は、これとはまったくことなったものであった（それについては、革命の理論にかんする章を参照されたい）。

(4) 行政幹部のイニシアティヴによる支配の覆滅は、既往においてははなはだことなった諸条件のもとでおこなわれた（それについては、革命の理論にかんする章をみよ）。だが、その前提は、つねに幹部成員の組織化であったのである。この組織化は、それぞれのばあいにおうじて、部分的結託の性格をより多くおびるか、それとも全般的な血盟的団結なり結社化の性格をより多くおびていたであろう。こうしたことは、まさに、ロシアの事情がしめすように、よしんば全然不可能ではないまでも、近代官僚の存在条件のもとでは、はなはだしく困難となっている。いずれにせよ、このような結社化は、労働者が（正規の）ストライキによって達成しようと欲し、また、達成することのできる域を凌駕するような意義を、きまってもちえないのが通例である。

(5) 家産制的官僚群の性格は、なによりもまず、人格的服従（被護）の関係にはいることが要求される点にあらわれている（カロリンガ時代における王の扈従（puer regis）、アンギオヴィン族における従属民（familiaris）などがそれである）。その残滓は、ずいぶんと長いあいだ存続していた。

第七章　カリスマの没支配的意味転換

〔14〕カリスマの没支配的意味転換

その本来の意味からは、権威主義的なものと解されたカリスマ的正当性の原理は、反権威主義的に解釈しなおされることがあろう。というのは、カリスマ的権威が事実上妥当するのは、じっさい一にかかって被支配者たちによる承認に依存するが、この承認は「証し」があればこそあたえられるものであり、いうまでもなく、カリスマ的に資格ある者にとって、またそれゆえに、正当な者にとって、義務とされているからである。ところが、団体関係がしだいに合理化されるにつれて、この承認が、正当性の結果とみなされるかわりに、正当性の根拠とみなされるようになるのは、みやすい道理である（民主的正当性）。行政幹部による（あるいはおこなわれうべき）指名は、「予選」であるとされ、前任者によるそれは「推薦」とみなされ、共同体自体の承認は選挙と目されるようになる。そうなると、固有カリスマの力によって正当とされた首長は、被支配者たちの恩寵によって首長となるわけで、被支配者たちは、かれを（形式上）自由気ままに選挙し、任命し、ばあいによっては罷免することさえあるわけである。――それは、まさしく、カリスマの喪失とそのことの立証が、真正の正当性の喪失を招来したのと同様である。いまや、首長は、自由にえらばれた指導者なのである。そのばあい、共同体によるカリスマ的訓令の承認は、これまた同様に、つぎのような観念へと発展をとげることになる。すなわち、共同体は一般的にも個々のばあいにたいしても任意に法を制定し、承認し、廃止することができるが、――これに反して、真正カリスマ的支配においてはなにが「正しい」法であるかについての係争問題は、なるほど共同体の決定によって事実上解決されるばあいが多いけれども、それは、ただ一つの義務的な正しい決定が存在するだけであるという、心理的圧力のもとで解決されるのである。こうして、法のとりあつかいは、合法的観念に接近してゆく。人民投票的支配は、もっとも重要な過渡的類型にほかならない。そのごくありふれた類型は、近代国家における「党指導層」にみとめられる。けれども、人民投票的支配は、首長が大衆の受託者として正当づけられたものと自負し、そのようなものとして承認されているところでは、どこにも存在するのである。それに適合した手段が、人民投票である。両ナポレオンの古典的な事例においては、この手段は強力による国家権力の掌握以後に用いられ、ナポレオン三世のばあいには、威信の失墜以後にあらためて人民投票がおこなわれた。（このばあいには）その現実の価値がいかに評価されるかということは、どうでもよいことである。いずれにせよ、人民投票は、形式的には、被支配者たちの（形式上また擬制上）自由な信任から支配の正当性をひきだす独自の手段なのである。

カリスマの解釈しなおしとして、「選挙」の原則が、ひとたび首長に適用されると、それは、行政幹部にも適用されるようになるであろう。被支配者たちの信任のゆえに正当であり、したがって、被支配者たちの不信の表明により召還できる選任官僚は、一定種類の「民主制国家」、たとえばアメリカに典型的である。かれらは、「官僚制的」人物では毛頭ない。かれらの地位は、独立的に正当づけられているために、比較的に軽微な階層序列的従属関係に立ち、「上司」に左右されない昇進および斡旋のチャンスをもっている（類似の現象は、たとえば、ダライ・ラマとタシ・ラマ(54)とのあいだに存するように、質的に特殊化された種々のカリスマのばあいにみとめられる）。かれらで構成された行政は、官僚制的に任命された官僚からなる行政よりも、「精密機械」としては技術的に格段のみおとりがする。

(1)「人民投票的民主制」――指導者民主制のもっとも重要な類型たる――は、その真の意味からみれば、一種のカリスマ的支配である。この種の支配は、被支配者たちの意志に由来し、また、この意志によって存続するにすぎない、正当性の形式のもとにかくされているのである。指導者（煽動政治家）は、かれの人格そのものにたいする政治的追従者の忠誠と信頼とによって、事実上支配する。さしあたりかれは、かれのために狩りあつめられた信奉者を支配するだけであるが、この信奉者がかれに支配権を掌握させるばあいには、団体の内部において支配するのである。古代および近代の諸革命の独裁者が、この類型をなしている。すなわち、古代ギリシアのアイシュムネート[55]、僭主および煽動政治家、ローマにおけるグラックスとその後継者、イタリアの都市国家におけるポポロ長[56]（capitano del popolo）および市長（ドイツの類型はチューリヒの民主的独裁者）、近代国家におけるクロムウェルの独裁、フランスにおける革命的権力保持者および人民投票的帝国主義が、それにあたる。いやしくも、こうした支配形態の正当性を達成しようとする努力がなされたところでは、正当性は至高の人民による人民投票的承認のうちに求められたのであった。個人的行政幹部は、才幹のある平民のあいだからカリスマ的に補充される（クロムウェルのばあいには、宗教的資格が考慮され、ロベスピエールのばあいには、人格的な信用のほかにも、ある種の「倫理的」資質が考慮され、ナポレオンのばあいには、もっぱら帝王的な「天才の支配」の目的に必要な個人的才能と重宝さが重んじられた)。この行政幹部は、革命的独裁が最高潮にたっすると、罷免されうる純然たる臨時の委任による、行政の性格をおびてくる（公安委員会時代の代理機関による行政が、そうであった）。アメリカの諸都市における改革運動をつうじて勢力を強化した地方自治体の独裁者も、その手先をみずから自由に任用することを認容されざるをえなかったのである。伝統的正当性は、形式的合法性とまったく同じように、革命的独裁によってひとしく無視される。家父長制的支配の司法や行政は、実質的正義の根拠や功利的目的および国家利益を旨としておこなわれるが、これに対応する匹敵物は、古代および近代社会主義における急進的民主制の革命裁判所や実質的正義の要請にみとめられる（それについては、『法社会学』で論じよう）。革命的カリスマの日常化は、ついで、それに照応する過程がそのうえさらにあかるみにだすのと類似した変化をしめす。かようにして、イギリスの職業軍は、信仰戦士的軍隊がもっていた自発性の原理の名残りをとどめており、フランスの知事制度は、革命的・人民投票的独裁におけるカリスマ的行政の残滓なのである。

(2)　選任官僚は、つねに、カリスマ的指導者の支配的地位が、被支配者たちの「公僕」へと根本的に変化をとげることを意味するものである。技術的に合理的な官僚制の内部では、このような官僚のはいりこむ余地はない。というのは、かれは、「上司」によって任命されるのでも、上司にその昇進のチャンスを依存するのでもなく、その地位を被支配者たちの恩寵に負っている関係上、上司のお気に召すように規律を遵守しようという関心はうすく、こうしてかれは、「自首的」支配と同じような活動をするからである。そこで、選挙された官僚幹部をもってしては、とうてい、高度の技術的能率を達成しうべくもないわけである（たとえば、この点は、アメリカの各州の選任官僚を連邦政府の任命官僚と比較すればあきらかであり、同様にまた、人民投票的改革市長の一存で任命された委員会とくらべて、地方自治体の選任官僚をつぶさに観察すれば、はっきりする）。人民投票的な指導者民主制の類型に対立するものは、（のちほど言及するような）指導者なき民主制の類型である。この種の類型は、人の人にたいする支配を極小化しようとする努力によって特徴づけられる。

なお、一般に、指導者によせる献身と信頼といった自然の情緒的性格は、指導者民主制に特徴的なのであって、非日常的な人物、大風呂敷をひろげる者、もっとも強烈に刺《し》戟《げき》手段を弄する者を指導者にみたてて、これにしたがおうとする傾向は、そこに由来するのが普通である。あらゆる革命にユートピア的要素が混入する自然的基礎は、ここに存している。近代におけるこの種の行政の合理性に限界があることも、このへんの事情によるものである。——この限界があるために、それは、アメリカにおいてさえかならずしもつねに期待にこたえなかったのであった。

経済にたいする関係。

(1) カリスマの反権威主義的意味転換は、普通には、合理化の方向にすすんでゆく。人民投票的支配者は、通常、迅速かつ円滑に機能する官僚幹部をたよりにしようとする。一つには軍事上の令名と名誉により、二つには被支配者たちの物質的幸福を促進することによって——、事情しだいでは、両者をむすびあわせようとする試みによって——人民投票的支配者は、そのカリスマが「正真正銘」であることを証明し、被支配者たちをそれにむすびつけようと試みるであろう。かれの第一の目標は、伝統的・封建制的・家産制的その他の権威主義的権力や優先権を破壊することであり、その第二の目標は、正当性の連帯によってかれとむすばれた、経済的利害をつくりだすことであろう。そのさい、かれが、法の形式化と合法化を利用するならば、そのかぎりで、かれは、「形式上」合理的な経済を大いに助長するかもしれない。

(2) 人民投票的権力は、その正当性が大衆の信仰や帰依に依存する性質上、逆に実質的正義の要請を経済的にも代表せざるをえなくされる。したがって、それは、ある実質的（「カーディ」）[58] 裁判（革命裁判所、配給制度、生産や消費の百般にわたる配給と統制）をつうじて、司法と行政との形式的性格を打破することを余儀なくされる。そのかぎりにおいて、人民投票的権力は、ともすれば経済の（形式的）合理性を弱めるはたらきをしがちである。〔だからこの傾向は〕かれが社会的独裁者であるかぎり、みとめられるであろう。ただし、これは、なにも近代の社会主義的諸形態だけにかぎったことではない。いつこれが社会主義的な形をとるか、また、どんな結果をともなうかについては、ここではまだ論及しない。

(3) 選任官僚群は、形式上合理的な経済をさまたげる一つの原因である。というのは、選任官僚群は、通例、政党官僚群であって、専門的に訓練された職業官僚群ではないからであり、召還のチャンスや再選されないことのために、厳密に没主観的で結果に拘泥《こうでい》しない司法や行政をさまたげるからである。〔形式上〕合理的な経済に妨害をおよぼしても、それが目立たないのは、つぎのばあいだけにかぎられる。つまり、旧《ふる》い文化の技術的・経済的成果を、まだ専有されていない調達手段をもった新開地に応用することによって、やりくりする可能性があるために、このような経済のチャンスにかなりひろい活動の余地がのこされており、その結果、そのさいほとんど避けることのできない選任官僚の腐敗などは、雑費として勘定にいれても、なおかつ莫大な額にのぼる利益をあげることができる、といったばあいである。

第一項〔前述(1)カリスマの反権威主義的意味転換〕の古典的な範例をなすものは、ボナパルティズム[59]である。ナポレオン一世の治下では、ナポレオン法典がつくられ、強制的均分相続がおこなわれ、伝来のあらゆる権力はいたるところで破壊されたが、これに反して、功労ある高位高官には知行があたえられた。もっとも、兵士はすべてをえたが、市民はなにものをもえなかった。だが、そのかわりに栄光があたえられた。小市民層のくらしむきは――だいたいにおいて――まずまずというところであった。ナポレオン三世治下では、「国利民福」(enrichisses-vous) という市民王の標語[60]がめだって継続され、大土木事業や有価証券の担保貸付 (Credit mobilier) がおこなわれた。その結果は、周知のとおりである。

第二項〔前述(2)人民投票的権力〕の古典的実例は、ペリクレスおよびそれ以後の時代におけるギリシアの「民主制」である。訴訟は、ローマのそれのように、法務官の訓令に拘束されるか、法律にしばられた個々の陪審官によって判定されたのでも、形式的な法に準拠して判定されたのでもない。そうではなくて、ヘリアイア[61]は、「実質的」正義にもとづいて判決を下したのである。しかし、〔実質的正義といっても〕じつは泣きおとしや阿諛《あゆ》追従《ついしょう》、煽動的中傷と機智に左右されたのであった(このことは、アテーナイの雄弁家の「訴訟弁論」をみればわかる。――ローマでは、それは、政治的訴訟にみとめられるだけである。キケロはその類例をなす)。ローマ流の形式的法や形式法学の発達は、その結果不可能とされたのであった。というのは、ヘリアイアは、フランスやドイツの(労兵代表委員会的)革命の「革命裁判所」とまったく同じように、「人民裁判所」であったからである。それらは、政治的に重要な訴訟だけを民間人の参加する法廷に召喚したのではけっしてなかった。ところが、イギリスのいかなる革命も、高度に政治的な訴訟のばあいをのぞけば、いまだかつて司法に干渉を加えるようなことはなかった。もちろん、そのかわりに治安判事による裁判[62]は、たいていはカーディ裁判であった。——けれども、それは、有産者の利害関係に抵触しない範囲内にとどまったのであり、したがって、警察的性格をおびていたのである。

第三項〔前述(3)選任官僚群〕の範例は、北米合衆国である。まだ一六年前のことであるが、イギリス系のアメリカ労働者に「なぜあなたがたは贈賄に浮き身をやつす党人に政治をまかせているのですか」とたずねたのにたいして、かれらはこう答えたものである。よしんば数百万ドルが盗まれたり、ゆすりとられたり、着服されるようなことがあっても、「わたしらのお国」には、それでもしこたまもうけがのこるチャンスがあるからですよ。それに、この「職業政治屋」ときたら、「わたしら」〔労働者〕の眼にもまったく「見下げはてた」部類の人びとではないですか。ところが、ドイツ流の専門官僚となると、「労働者を見下げ」かねまじき部類の人びとなんでしょうからね、と。

経済との関連の詳細については、ここでは論じない。ずっと以下で特別にのべることにする。

第八章　合議制と権力分立

〔15〕合議制と権力分立

支配は、特別の手段によって、伝統的にか合理的に限定され、制限されることがあろう。

ここでは、伝統のきずなとか法規上の拘束によって、支配そのものが制限される事実については、問題外とする。この点は、上述のところ（〔3〕以下）で、すでに論及しておいた。ここで問題なのはむしろ、支配を掣肘《せいちゅう》する、特殊な社会関係および団体なのである。

①家産制的または封建制的支配は、身分的特権によって制限されるが、このことは、身分制的権力分立（〔9〕の（4））のばあいにもっとも大である。——このへん

の事情については、すでにのべておいた。

②官僚制支配は、官庁によって制限されることがあろう（もっぱら規則にのっとって行政がおこなわれるためには、合法性の類型が完全な発達をとげたところでは、通常、制限されざるをえないのである）。というのは、官庁は、官僚制的階層序列に立つかたわら、固有権をもっているからである。それはまた〔つぎのような手段を〕もっている。(a)法規を遵守しているかどうかを監査し、事情によっては再検査すること、または(b)官僚が自由に処置する行動範囲の規準となる、すべてのまたは特定の法規を創出する〔権利を〕独占すること、あるいはまた、なによりもまず(c)行政に必要な手段を認可する〔権利を〕独占すること、がそれである。これらの手段については、のちほど別に論じなければならない（〔16〕）。

③あらゆる支配は、合議制の原則によって、あるひとりの人物に拘束された単一支配的性格を剥奪されることがあろう。ところで、この原則は、〔つぎのように〕ごくまちまちな意味をもつばあいがありうる。

すなわち、

(a)首長権力の単一支配的占有者とならんで、これまた、単一支配的な他の権力者たちが併存し、前者の指令を遷延しまたは棄却する機関のはたらきをする可能性が、伝統とか法規によって、かれらに効果的にあたえられる、という意味がある〔棄却合議制〕。

そのきわめて重要な例〔はつぎのとおりである。〕古代の護民官[63]（および、はじめは民選行政監督官[64]）、中世のポポロ長（capitano del popolo）、労兵代表委員会とその受託者。これは、一九一八年一一月九日以降、正規の行政が、このような「連署」の権利ある統制機関から解放されるまで〔の時代に存続した〕。

(b)あるいは、それと正反対の意味をもつことがある。つまり、単一支配的性格をもたない官庁によって、事前に諮問と票決がなされたのちに、訓令が発せられる。したがって、拘束力をもつ訓令が成立するためには、法規の定めるところにより、個々の人間ではなく、個々人の多数者が協力しなければならないわけである〔作業合議制〕。そのばあい、(イ)全員一致の原則、あるいは、(ロ)多数決原理がおこなわれうる。

(c)つぎの事例は、けっきょくにおいて(a)の事例〔棄却合議制〕に対応するものである。単一支配的権力を弱めるために、同等の権利をもった多数の単一支配的な首長権力の占有者が存在するが、作業の専門化はおこなわれていない。その結果、同じ案件の解決をめぐって競合が生じたばあいに、だれがそれを解決すべきかということについての決定は、機械的な手段（抽籤《ちゅうせん》、輪番、託宣、統制機関の干渉――②(a)）にまたなければならない。これは、すべての権力者が他の各人にたいして拒否権を発動する機関である、という効果をともなう。

　ローマの正当的政務官職[65]（統領、法務官）の合議制は、そのもっとも重要な事例である。

(d)つぎの事例は、(b)の事例（作業合議制）とさらに密接な関係がある。ある官庁内に実質上単一支配的な同輩中の首席（primus inter pares）は存しているけれども、指令は、普通には、形式上同等の関係に立つ他の成員との諮問をまって、はじめておこなわれるべきものとされる。そうして、重要な問題で見解の相違をきたすと、辞職によって合議体の解体をみるにいたり、こうしてまた、単一支配的首長の地位はおびやかされる結果となる（卓越した統率者をもった作業合議制）。

　イギリスの「総理大臣」が「内閣」のなかで占める地位は、そのきわめて重要な事例である。周知のとおり、この地位はひじょうにはげしい変遷をへてきた。しかしながら、この地位は、定式上は、内閣統治時代のたいていのばあいに、実質上対応するのである。

単一支配的首長と併立する合議制的諮問団体は、かならずしも支配を弱体化するとはかぎらないが、ことによると合理化という意味での支配の緩和をきたすかもしれない。だが、けっきょくにおいて、合議制的諮問団体は、首長にたいし優位を占めることができる。この種の団体が身分制的性格をもつときには、とくにそうである。――主な事例〔をあげよう〕。

(e) つぎの事例は(d)の事例と密接な関係がある。すなわち、形式上たんに諮問的な団体が、ひとりの単一支配的な首長に付属するけれども、首長は、おおむねその決定に拘束されない。かれは、伝統や法規〔の定めるところ〕により、この団体の――形式上拘束力をもたない――勧告をただすよう義務づけられているにすぎないのであるが、もしも、この勧告を無視して失敗するようなことでもあれば、責任をとらなければならないのである。

政務官の諮問機関として元老院がこれに付属する事例は、その最たるものである。元老院の政務官にたいする支配は、事実上（財政の監査をつうじて）そこから発生してきたのである。肝心な点は、右にのべた解釈であったとみて、ほぼ大過ないであろう。政務官が、元老院の決議に事実上拘束されるにいたったのは、（事実上の）財政監査に起因したのであり、またそれ以上に、元老院議員と（形式上）選挙された官僚との、身分的同一性に胚胎《はいたい》していたのである。「もしもかれらの賛同をえれば」(si eis placeret) という言葉は、その拘束力のないことをあらわすものであったが、のちになって、緊急の指令をうけたばあいに、わが国の言葉で「御意のままに」(gefälligst) というのと、ほぼ同じ意味をもつようになった。

(f) ある官庁のなかに専門分化的合議制が成立するばあいにも、事態はさらにいくぶんことなってくる。すなわち、このばあいに、個々の案件の準備と提案とは、その権限をもつ専門家——ときとして同じ案件であってもことなった専門家——に委嘱される。けれども、決定は関与者全員の票決によっておこなわれるのである。

過去の枢密院や枢密院に類した組織の多くは、大なり小なり、まったくこのようなものであった(内閣支配以前のイギリスの枢密院が、そうであった)。枢密院の勢力は、ときには、ひじょうに大きかったけれども、それは、君主の勢力を奪取するようなことは、けっしてしなかった。それどころか、君主は(政党指導者の)内閣統治から脱するために、事情によっては一歩しりぞいて枢密院に拠ろうとこころみたのであった。イギリスでこのこころみがなされたのであるが、失敗におわった。ところがこれに反して、この類型は、世襲カリスマ的および人民投票的・権力分立的(アメリカ的)な型の専門内閣に、まがりなりにも一致する。この専門内閣は、首長(王、大統領)がみずからを支えるために、自己の一存で任命したものである。

(g) 専門分化的合議制はたんなる諮問団体であることがあろう。その賛成および反対の意志表示は、(c)項におけるように）首長が自由に裁決するための一覧に供されるのである。

作業の専門化が、このばあいにきわめて徹底的に遂行されているという点が、ことなるだけである。この事例は、フリートリヒ・ウィルヘルム一世治下のプロイセンの慣行に、ほぼ対応する。こうした状態は、つねに首長勢力の支柱となるのである。

(h)「長老」の伝統的合議制は、合理的に専門分化した合議制にもっともきびしく対立する。その合議的審議は、真に伝統的な法をたしかめる保障であるとみなされる。また、おそらくそれは、伝統に背馳《はいち》する法規を無効とすることによって、伝統を保持する一助となるのである。

実例としては、古代の「長老会」の多くがあげられる。アテーナイのアレオパゴス会[66]、ローマの「長老会」(patres)は、棄却〔機関〕の実例である（もっともこれは、元来類型(1)——以下参照——にぞくするのではあるが）。

(i)合議制原理を、（形式的であろうと実質的であろうと）最高の（決定）機関（首長自体）に適用することによって、支配を弱体化しようとする企てがなされることもありうる。この事例は、決疑論的には、(d)から(g)までにのべた事例と、全然同じである。個々の権限は、(イ)順ぐりにかわるか、あるいは(ロ)個々人の永続的な「管轄権」をなすかであろう。全員の（形式的）協力が正当な指令に必要であるかぎり、合議制は存続する。

もっとも重要な例は、つぎのとおり。スイスの連邦会議。これは、輪番交代制の原理はもつが、明確な権限の分配はみられない。ロシア、ハンガリー、および一時はドイツにおける「人民委員」の革命的合議体。過去の例をあげると、ヴェネツィアの「十一人参事会」[67]、アンツィアーニ[68]の合議体、等々。

(j)家産制的または封建制的支配団体の内部における合議制には、ひじょうに多くの事例があるが、それらは〔つぎのいずれかひとつにふくまれる〕。(イ)身分制的権力分立の事例（身分制的行政幹部あるいは身分制的専有者の合議制〔がこれにあたる〕）、

――あるいは、

(ロ) 結社化された身分的権力者に対抗して、首長とかたくむすんだ家産官僚群の合議制的代表〔機関〕がもうけられる事例（右の(f)の事例、枢密院〔がこれにあたる〕）、(ハ) 諮問団体およびときには決議団体がもうけられる事例。首長はその司会をつとめ、または臨席し、あるいはその議事や賛否の意志表示について報告をうける。また、この団体の一部は、①その道に通じた専門家で構成され、一部は、②特有の身分的威信をもつ人びとから構成されているから、これによって首長は――専門的要求が強まりつつある事情にかんがみ――依然として、みずから裏づけのある決定を下すことができるように、いよいよもって生半可となってゆく自己の知識を、完全にする見込みをもてるわけである（右の(g)の事例）。

当然のことながら、(ハ)のばあいに、首長は、できるだけ異質的でおそらくはあい対立する、①専門的意見および②利害関係を代表させることに重きをおく。それは、(1)全般にわたって通じている必要があるからであり、(2)相互の対立によって漁夫の利をうることができるためである。

ところが、これとは逆に、(ロ)のばあいには、首長は意見や立場の統一性に重きをおくことが多い（ただし、かならずしもそうであるとはかぎらない）。（これが、いわゆる「立憲」国家または他の真に権力分立的な諸国における、「責任」内閣の嚆矢《こうし》をなすものである）。(イ)のばあいには、専有を弁護する合議体は、意見の一致や連帯責任を重くみるであろう。けれども、身分的特権によるいかなる専有もあい拮抗する特殊利害を生じるので、かならずしも、それを達成できるとはかぎらない。

等族会議、身分制的委員会およびそれらに先行する従臣会議（これは、西洋以外のところ——たとえば中国——にひろくみられる）は、(イ)のばあいに典型的である。近代初期の君主制下における最初の官庁は、徹頭徹尾合議制的であり、なかんずく（それだけではないけれども）、法律学者や財政の専門家から構成されていたが、これは(ロ)の典型をなしている。おびただしい数にのぼる外国および近代初期の西欧君主制のもとにおける枢密院が、(ハ)の典型的な例である。それらは、「宮廷外顧問官[69]」をもち、名望家や専門官僚の混成からなっていた（イギリスの大僧正は、一八世紀においてもなお、ときとして、「内閣」に列していた）。

(k) 身分的利害が相互に対立するという右の事情は、諸身分とのかけひきや闘争にさいして、首長に利益をもたらすことがありうる。けだし、相互に衝突する観念的または物質的利害あるいは勢力関心を委任された代理者を糾合し、妥協をつうじて利害の対立を調停しようとする結社形成は、——外形上——「合議制的」であるとよばれうるからである（官職上の合議制や議会主義的な票決による合議制と対立する妥協による合議制）。

この事例は、「身分制的」権力分立にあって、むきだしの形で存在する。身分制的権力分立は、つねに特権者の妥協をつうじてのみ決定をみたのである（すぐつぎをみよ）。この種の合議制の合理的形態は、永続的な身分的または階級的状況（第十二章参照）あるいは現実の利害対立にもとづく、代表者の選抜をつうじて可能なのである。かような団体においては——それがこうした性格をもつかぎり——「票決」はなんの役割も演じえない。それは、(イ)利害関係者のあいだで協定された妥協であるか、それとも、(ロ)さまざまな党派の利害関係者の言い分を聴取してのち、首長の決裁をえた妥協であるかであろう。

いわゆる「身分制国家」の固有な構造については、いずれくわしく論じよう。集会所の分離（イギリスにおける「貴族院」と「庶民院」〔との分離〕、——教会は別べつの「僧官会議」（convocations）をもっていた。フランスにおける貴族、僧侶、第三身分、ドイツにおける多数の身分構成）、および、まず個々の身分の内部で、次いで諸身分のあいだで妥協によって取り決めをむすぶ必要が、これにぞくしている（首長は、この取り決めをしばしば拘束力をもたない提案とみなしたものである）。

「職能代表制」という近代的理論（以下をみよ）が近頃また活発に論じられているが、その難点は、このばあいに、唯一の適当な手段が、投票数で勝つことではなく、妥協であるということを、ほとんど見抜いていないところにある。自由な労働者評議会の内部でさえ、種々の案件は、実質的にいって、票決上の問題ではなく、経済的に制約された勢力問題として、処理されるにちがいない。

(1) 最後に——それと密接な関係のある事例であるが——これまで自首的かつ自律的であった比較的多数の団体が、あらたにひとつの団体に組織化されるばあいに、票決による合議制がおこなわれる。そのさい、（程度の差こそあれ）決定を左右する権利は、その統率者あるいはその代表者への発言権の専有をつうじて達成されるのである（合併による合議制）。

実例〔はつぎのとおりである〕。古代の市参事会官庁における種族・部族連合および氏族の代表、執政官（consules）時代における中世の門閥団体、[70]ギルドの連合機関（Mercadanza）[71]、労働者層の中央委員会における「専門委員会」の委員、合衆連邦における「連邦議会」または上院、連立内閣または連立統治合議体における（効果的）合議制（スイスでは、これが最大限にたっしている。すなわち、比例代表制にもとづいて議席に任ぜられるのである）。

㈣選挙された国会議員の票決による合議制は、一種独特の性格をもっているから、別個にとりあつかわれるべきであろう。というのは、それは、㈠指導層にもとづくか、それとも、㈡合議制的な党務の運営にもとづくか、のいずれかであるからである。そうなると、前者は追従者をもたらし、後者は「指導者なき議会主義」をもたらすことになる。しかしながら、それを理解するには、政党について論じる必要がある。

合議制は――単一支配的な棄却合議制の事例をのぞき――精確かつ一義的な、とりわけ迅速な決定（その非合理的形式においては、専門教育）を阻止することが、ほとんどさけられない。だが、まさにこのような効果こそは、君主が専門官僚群を採用するにあたって、まんざら都合の悪いことでもなかったのである。ところが、決定や行動の迅速化がぜひとも必要となるにつれて、ほかならぬこの官僚群は、そうした効果をますます後退させたのであった。一般に、合議制的統率機関の内部では、指導的成員のもつ権力的地位は、形式的にも実質的にも押しも押されもせぬものになった（教会における僧正や教皇、内閣における総理大臣（のごときが、それである））。統率の合議制を復活させようとする利害関心の多くは、支配者そのものを弱体化しようとする欲求に端を発する、といっていいすぎではない。それはまた、単一支配的指導にたいする不信と怨恨とから生じるのであるが、こうした不信や怨恨は、どちらかといえば、行政幹部成員よりも被支配者たちのあいだにすくない。――「指導者」をほんとうに必要とするのは、たいていは被支配者たちだからである。だが、このことは、もっぱら、とくに特権のない階層にかぎって、あてはまるのではけっしてない。それは、まさしく特権のない階層についてもいえることである。合議制というものは、なにも「民主制」特有の現象ではけっしてないのである。特権ある階層が特権のない人びとによる脅威にたいして保身をはからなければならなかったところでは、かれらは、つねに、あの〔特権なき〕階層を支柱とするかもしれないような、単一支配的首長権力の出現を阻止することに努めてきたのであり、また、そうしなければならないのである。このようにしてかれらは、特権ある者の〔あいだに〕厳重をきわめた平等をつくりだすかたわら（その点、後段において別に論じよう）、監督機関およびとくに議決機関としての合議制的官庁を創設し、また維持したのであった。

類型〔としてはつぎのものをあげうる〕。スパルタ、ヴェネツィア、ローマにおけるグラックス以前およびスラの時代の元老院。イギリスでは、一八世紀にこれがいくどとなくあらわれた。ベルンおよびスイスの他の諸州、その合議制的総督府をそなえた中世の門閥都市、手工業者ギルドではなく、商人ギルドを傘下におさめたメルカダンツァ。

この最後のものは、しごく簡単に貴族や君主の乗取るところとなった。

合議制は、かなりの程度、施政方針の「徹底性」を保証する。精確さや迅速性を犠牲にしても、この徹底性が優先されるべきばあいには、――右にのべた動機のほかにも――こんにちでさえ、一歩しりぞいて合議制に拠るのがつねである。それはとにかく、合議制は責任を分割するのであって、比較的大きな団体では、この責任〔の所在〕は完全に消滅するようになる。ところが、単一支配のばあいには、それは明瞭かつ判然と定められている。迅速かつ統一的に解決されるべき重要な任務は、だいたいにおいて、単独責任を負わされた単一支配的「独裁者」の手中にゆだねられる（純技術的にみれば、これにはもっともな理由があるのだ）。

大規模国家の強力で統一的な外政または内政は、いずれも、合議制的な線にそって有効に指導されることはできない。とりわけ、社会化を目的とする「プロレタリアートの独裁」は、まさしく大衆の信頼に支持された「独裁者」を必要としたのである。だが、――「大衆」は別としても――大規模な議会、政党、あるいは（ほとんどこれと大差ないことだが）「労兵代表委員会」の牛耳をとる権力者は、このような独裁者にがまんできないし、また、がまんしようともおもわないのである。この種の独裁者は、ロシアにおいてのみ軍事力を背景として成立したのであって、それはあらたに〔土地を〕専有した農民の連帯関心によって支持されている。

つぎには、上述したところをなかば要約し、なかば補足するために、なお、いくつか気づいた点をつけ加えておこう。

合議制は、歴史的にみると、〔つぎのような〕二重の意味をもっていた。つまり、それは、

(a)同一の官職に多数の人が任命されるか、あるいは、直接競合しあう権限をもち、たがいに拒否権をもつ多くの官職が併設されることを意味していた。そのばあいには、支配の極小化を目的とする技術的権力分立が問題なのである。なかんずく、ローマの政務官の役職において、「合議制」はこのような意味をもっていた。政務官職の合議制のもっとも重要な意味は、職務活動などというものにおよそ縁のない、同等の権利ある権力者(par potestas)の仲裁を可能とし、そうすることによって、個々の政務官の支配を弱める点にあった。だが、それでも、各政務官は、多くの例では、依然として個々の政務官であることに、かわりはなかったのである。

(b)それはまた、合議制的な意志形成を意味していたのであって、全員一致の原則または多数決原理のいずれかにもとづき、多数の人びとの協力によって成立するばあいにかぎり、命令は正当であるとされる。このことは、古代にもみとめられないわけではない

が、それでも古代に特有のものではない。それは、近代的な合議制概念なのである。――この種の合議制は、(1)最高指導部、したがって支配そのものの合議制であるか、それとも、(2)執行的官庁の合議制あるいは、(3)諮問的官庁の合議制であるかであろう。

(1)　指導部の合議制は〔つぎの諸点に〕根拠をもつことがあろう。

(イ)当該支配団体が、多数の自首的支配団体の共同体化あるいは結社体化にもとづき、加盟したすべての団体が勢力への関与を要求するということ。〔つぎのばあいが、これにぞくする。〕氏族、部族連合、種族別にしたがって構成された合議制的市参事会を擁した古代の集住、――頭割りに配分された門閥評議会をもった中世の門閥団体、――アンツィアーニまたはギルド代表の評議会を擁したメルカダンツァにおける中世のギルド団体、――近代の合衆連邦における「連邦議会」、――政党の連立によってもうけられた内閣または最高の統治合議体にみられる効果的合議制（その極端な例は、スイスでしだいにその趨勢にあるように、比例代表による勢力の配分にみとめられる）、――合議制は、そのばあい、身分的ないし地方的な代表原理の特殊な事例なのである。

――あるいは、それは、

(ロ)指導者がいないということにもとづいている。これはまた、指導権をめぐって競争する人びとの嫉妬心に由来するか、それとも、個人の支配を極小化しようとする被支配者たちの努力に起因する。これらの理由が合わさって、合議制はたいていの革命において、あるいは革命軍の将校または兵士をもふくむ「評議会」として、あるいは公安委員会とか「人民委員」の委員会として、登場したのである。平時における正規の行政にあっては、最後にあげた動機、つまり、単独の「強大な人間」にたいする反感が、指導的官庁の合議制にとって、ほとんどつねに決定的であった。このことは、スイスや、たとえばバーデンの新憲法[72]についていえる（このばあいには、社会主義者たちがこうした反感のにない手であった。かれらは、「選立君主」を懸念するのあまり、社会化にぜひとも必要な行政の厳格な統一性を犠牲にしたのである。とりわけ、政党における（労働組合・政党・市庁の）官僚群の反指導者的気分が、それにとって決定的であった）。

——あるいは、それは、

(ハ) 指導部の任命を左右し、その所有を独占する階層が、身分的な「名望家」としての性格をもつということにもとづく。したがって、これは、身分制的・貴族制的支配の所産なのである。どの身分的特権をもつ階層も、大衆の情緒的献身にささえられた指導者層を恐れるのであるが、その点、すくなくとも反指導者的民主制が指導者を恐れるのと同様である。元老院の支配と、封鎖的評議団体によって統治しようとするじっさいの試みとは、この部類にふくまれる。ヴェネツィアの制度や、それに類した制度とても同様である。

——あるいは、それは、

㈡専門的に訓練された官僚群による収用の増大に反抗する、君主の闘いにもとづくことがある。西欧諸国における最高指導部の近代的行政組織は、徹頭徹尾、合議制的官庁をもってはじまる（なお、これは、西洋での発展の範をなした東洋諸国の家産制国家、つまり中国、ペルシア、カリフの帝国、オスマン帝国においても、同様であった）。君主は、特定個人の権力的地位を恐れるにとどまらず、わけても、合議体における賛成および反対投票の制度をつうじて、決定そのものをみずからの手中におさめようとする。しかも、かれはだんだんとしろうとになるのであるから、権力的地位にある個々の官僚のために位をゆずるよりは、むしろ、行政に必要な全般的見通しを保持することをのぞむわけである（最高官庁の機能は、さしあたり、諮問的合議体と決定的合議体との中間物であった。君主みずからの力が、とくに非合理的な影響を財政運営面におよぼすばあいにかぎって、それは、専門官僚によって即座に打ちひしがれたのである。――マックス皇帝[73]の改革において、そうであった。そして、このばあいに、君主はやむをえず、譲歩せざるをえなかったのである）。

――もしくは、それは、

㈹合議制的諮問をつうじて、特殊な専門的立場や物的ないし人的な性質をもったまちまちの利害を調整し、こうして、妥協を可能にしようとする願望にもとづくことがある。このことは、とくに、地方自治体行政の指導についていえる。この種の行政は、一方において、地域的に見渡しがきき、また、いちじるしく技術的な問題に直面しており、他方において、とくにその性質上、物質的利害関係者の妥協にもとづくところが、はなはだ大きいのをつねとするからである。——このことは、すくなくとも、大衆が財産や教育で特権づけられた階層の支配に甘んじるあいだはそうである。——内閣の合議制も、技術的には同様の理由にもとづいている。たとえば、ロシアや（それほどいちじるしくはないけれども）旧体制下のドイツ帝国におけるように、この種の合議制がないところでは、為政者の効果的連帯を実現することは不可能であったのであり、管轄権をめぐる知事のあいだの激烈をきわめた闘争をみとめうるにすぎなかったのである。

(イ)、(ハ)、(ニ)にあげた理由は、純粋に歴史的な性質をもつものである。近代における官僚制支配の発展は——国家であろうと大都市であろうと——大量成員団体の内部でいたるところ、効果的指導における合議制の弱体化をもたらした。けだし、(1)決定の迅速性、——(2)指導の統一性、——(3)個人の明確な責任、——(4)外部にたいする峻厳さと内部における規律の保持は、合議制によって、どうしても弱められざるをえないからである。——それゆえに、国際政治にかかわりをもつ大規模国家においてはいたるところ、——いずれ論及するはずの経済的および技術的な理由からも——、合議制は、よしんば命脈をたもっていたとしても、政治的指導者（リーダー、内閣総理大臣）のずばぬけた地位のために弱められたのである。そのほか、家産制的大団体や、別して厳密にサルタン制的な団体のほとんどすべてにおいても、似たようなものである。「嬖臣」政治がその代用物をつくりださなかったかぎりでは、そこでは、君主と併立する指導的人物（大宰相）への必要が、再三再四勝利をえたのであった。ひとりの人物が責任を負うべきものとされたのである。だが、君主は法律上責任を負わなかった。

（2）執行的官庁の合議制は、行政の没主観性やとりわけ完全無欠性を支持し、このために個人の勢力を弱めようと目ざしたのであった。指導部におけるのと同じ理由から、それはほとんど例外なく、単一支配の技術的優越性に屈服したのである（プロイセンの「政庁」がそうであった）。

（3）たんに諮問的な団体の合議制は、どんな時代にも存在したのであり、おそらくはいつの世にも存在することであろう。（しかるべき箇所でのべるように）発展史的にみて、それはひじょうに重要な役割をはたしている。――このことは、政務官とか君主の「諮問」が、勢力関係のうえからみて、事実上「決定的」なものであったようなばあいには、とくにそうである。――しかし、この決疑論では、それをくわしくのべる必要はない。――

ここに、合議制とは、つねに支配の合議制というほどの意味である。――したがって、みずから行政の主体であるか、あるいは直接（諮問をつうじて）行政に影響をおよぼす、官庁の合議制という意味に解しておく。本文に示唆しておいたとおり、等族会議とか、国民議会の行動については、ここではまだ論じない。

「官庁」という概念をはじめて完全に発達させたのは、歴史的には合議制である。というのは、合議制は、つねに（成員の）「家計」からの「役所」の分離、私人としての官僚幹部からの公人としての官僚幹部の分離、私財からの行政手段の分離とむすびついていたからである。それだからこそ、西洋近代の行政史が、専門官僚からなる合議制的官庁の発達をもってはじまるのは、けっして偶然ではないのである。このことは――あり方はちがうにせよ――家産制的・身分制的・封建制的あるいはその他の伝統的な政治団体の永続的秩序のそれぞれにかんしても、まったく同様である。おそらくは連帯責任をわかって結束した合議制的官僚団体だけが、別して「ディレッタント」になりつつある西洋の君主を、漸次政治的に収奪することができたのである。もしも単独の官僚であったなら、君主の非合理的命令にたいする執拗をきわめた抵抗は、同じ事情のもとでは（ceteris paribus）、君主に個人的に服従しているので、はるかにたやすく克服されたにちがいない。専門官僚による運営への移行がやむをえないとさとるようになると、君主は賛成および反対の意志表示をおこなう諮問的合議制度（枢密院制度）を完成し、これによって、よしんばディレッタントではあっても、首長の地位にとどまろうとこころみるのが、通例であった。君主の庇護をうけ、また、かれを掩護《えんご》する、単一支配的に（内閣総理大臣によって）統率された、最高合議体の連帯責任への必要が――とくに議会にたいする関係において（この点、後述参照）――生じてきたのは、ようやく、合理的専門官僚群が最終的かつ取り消しがたいほどの勝利をおさめてからのちのことであった。それにともない、単一支配と、こうしてまた、行政における官僚制への全般的傾向が圧倒的となったのである。

(1)〔トルコ人侵入の危険という〕最大の緊急事態に、マクシミリアン帝がもうけた財務官庁は、官僚にはからずに、ただまったく気まぐれに命令をだし、抵当証書を濫発するという、かれの慣例にたいしてたたかったのであるが、とくにこの闘争のうちに、近代的行政の揺籃《ようらん》期における合議制の意義を、たやすくあきらかにすることができる。君主の〔勢力の〕収奪は、財政問題に端を発したのであって、ここにはじめて、かれは政治的非専門家（ディレッタント）となった。〔このような過程は〕まず、商業的に整備された会計制度をもった、イタリア都市国家の最高官庁（Signorie）にあらわれ、ついで、ブルグントおよびフランスの、それからドイツのような大陸諸国に生じ、それとは独立に、シチリア島やイギリスにおけるノルマン人のあいだにおこなわれた（大蔵省）。オリエントでは〔ペルシアの〕議政府[74]が、中国では衙門《がもん》（Yamen）が、日本では幕府等々が、これに対応する役割をはたしたのである。ただし、――合理的に訓練された専門官僚がおらず、したがって「旧式」の官僚の経験的知識にもっぱらたよっていた関係上、――これらは官僚制の発達をもたらさなかった。ローマでは、元老院がこれにあたる。

(2)私的家計と官庁行政とを分離するうえで合議制がはたした役割は、ちょうど家計と営利経営、財産と資本とを分離するうえで任意的大商事会社がはたした役割に似ている。

〔16〕 専門分化的権力分立

④さらに、首長権力は、専門分化的権力分立によって制限されることもあろう。すなわち、首長権力は、専門分化した機能として、合法的な〔支配の〕ばあい（立憲的権力分立）には、合理的に確定された機能として、さまざまな保持者に移譲され、かれらの多くの者にかかわりのある要件について、かれらのあいだに妥協がなされてのちはじめて、指令が正当の効力を発揮する、といったぐあいになっている。

(1)「身分制的」権力分立とはちがって、「専門分化的」権力分立は、つぎのことを意味している。つまり、首長権力は、その没主観的性格におうじて、種々ことなった勢力（または統制）保持者のあいだに「立憲的」に（といって、かならずしも法規化され成文化された憲法という意味あいにおいてではなく）分配されるわけである〔これには、つぎのような二とおりの仕方がある〕。一つには、ことなった種類の指令は、種々ことなった勢力者をつうじておこなわれることによってのみ正当であり、二つには、同じ種類の指令は、多くの勢力者の協力（したがって、形式的には生みだしえない妥協）をつうじて、おこなわれるばあいにかぎって正当でありうる。だが、このばあいでさえ、「権限」が分割されるのではなくて、首長権そのものが分割されるのである。

(2) 専門分化的権力分立は、かならずしも近代に特有のものではない。独立の政治的権力と独立の教権制的権力との分離――皇帝教皇主義《カエサロパピスムス》とか神権制とかのかわりに――が、これにふくまれる。ローマの政務官職の専門分化的権限も、それにおとらず、「権力分立」の一種であると解釈することができる。ラマ教の専門分化的カリスマとても、これと同様である。中国の（儒教の）翰林院《かんりんいん》[75]や「監察官」[76]の、君主にたいしかなりの程度独立した地位についても、同じことがいえる。すでに、家産制国家ならびに帝政ローマにおいてひろくおこなわれていた、下層部における軍事権力からの司法権および財政（民事）権の分離とても、同様である。最後にまた、総じてあらゆる権限の分配については、いうまでもないところである。ただそのばあいに、「権力分立」という概念は、どのみち精確さをうしなうことになる。この概念を、最高の首長権力そのものの分割にかぎるのが、好都合である。そのようにすれば、法規（憲法）に基礎をおく権力分立の合理的な形式、つまり、立憲的権力分立は、あくまでも近代的なものである。議会主義的国家ではなく、「立憲」国家においては、あらゆる予算案は、合法的権威者（王と――一つまたはそれ以上の――議会）の妥協をつうじてのみ成立しうるにすぎない。歴史的にみると、この状態は、西洋では身分制的権力分立から発達してきたものであり、理論的にいうと、イギリスではモンテスキューにより、ついでバーク[77]によって基礎づけられたのである。さらにさかのぼれば、権力分立は、特権ある者が首長権力と行政手段とを専有することから生じ、また、経済的・社会的に制約されて、しだいに規則的となってゆく（行政上の）必要や、不規則の（なかんずく戦争がもとで生じた）財政的必要に端を発している。特権ある人びとの同意なしには、首長はこの必要に対処することはできなかったが、しかも――しばしば特権ある人びと自身の見解や提案にのっとって――処置しなければならなかった。そのためには、身分的妥協が必要であったのであって、予算案や立法のうえでの妥協は、立憲的権力分立と同じ意味あいで、身分制的権力分立にぞくするのではけっしてないが――歴史的には、この身分的妥協から生じてきたのである。

(3) 立憲的権力分立は、とくに不安定な形成物である。もしも、法定上不可欠の（たとえば、予算案にかんする）妥協が成立しないときに、どのような事態が生じるだろうか、という問題をどういうふうに解決するかによって、じっさいの支配構造が定まってくるのである。そのさい、イギリスの国王にして、もしも予算なしに統治しようとするならば、かれは（こんにち）王位を賭することになるだろう。しかし、予算なしに統治するプロイセンの国王には、その危険はなかったにちがいない。革命前のドイツ帝国では、王朝の権力は、けだし絶大であったであろうからである。

〔17〕政治的権力分立と経済との関係

経済にたいする関係。

(1) 合法的官庁の（合理的作業）合議制は、指令の没主観性と個人的事情に左右されない公平さとを高め、また、それをとおして、合理的経済の存立に有利な条件を形成することがある。このことは、職務活動をおこなう者の精確さをさまたげても、さして重要な結果をともなわないばあいにも、そうである。それだからこそ、過去ならびに現代の資本主義的大立物は、政治生活や党生活やまたかれらに重要なあらゆる団体生活において、単一支配を好むのである。それというのも、（かれらの考えでは）単一支配が、比較的「秘密を守」り、個人的に近づきやすく、有力者の利害関心にひきいれやすい形式の司法と行政だからである。ドイツの経験にてらしても、これは至極もっともなことである。――反対に、棄却合議制および伝統的行政幹部の非合理的専有とか勢力から生じた合議制的官庁は、非合理的な影響をおよぼすことがありうる。専門官僚制発達の初期に存した財務官庁の合議制は、全体としてうたがいもなく、経済の（形式的）合理化にさいわいしたのであった。

アメリカでは、利害関係をもった党資金調達者に「好都合」なのは、えてして、合議制的な公式の政党運営ではなくて、単一支配的な政党ボスなのである。かれなしにすまされないのは、そのためなのだ。ドイツでは、いわゆる「重工業」の大部分は、（この国でこれまで合議制的に運営されてきた）議会制ではなくて、官僚制の支配を支持したのであったが、それも同じ理由からであった。

(2)一般に、権力分立は、経済の（形式的）合理化を助長するのがつねである。というのは、どんな専有とも同じように、権力分立は、よしんば合理的といかないまでも、明確な権限をつくりだし、そのようにして、「計算可能性」という一つの契機を官庁機構の機能作用のなかにもちこむからである。権力分立を揚棄しようとする努力

（ソヴィエト共和国、〔フランス革命当時の〕国民議会および公安委員会による統治）は、徹頭徹尾、経済の（多少とも）実質合理的な変革を目標としており、それだけに、形式合理性をはばむものなのである。

詳細については、すべて別の論考にゆずることとする。

第九章　政　党

〔18〕 政党の概念と本質

政党とは、（形式上は）自由な勧誘にもとづく結社のことであって、ある団体の内部でその指導者に勢力をえさせ、また、これをつうじて、その能動的関与者に（観念上または物質上の）チャンスをあたえることを目的とするものである（このチャンスは、没主観的な目標の達成または個人的な利益の獲得あるいはその両者をふくむ）。政党は、一時的な結社であるか、永続することを目ざしてしくまれた結社であることがあろう。それは、各種の団体のなかに出現し、カリスマ的従者層、伝統的家臣団、合理的（目的合理的または価値合理的、「世界観的」）信奉者層といった、あらゆる形式の団体として発生することがありうる。政党は、個人的な利害関心に重きをおくか、没主観的な目標に重きをおくかするだろう。じっさいには、政党は、とりわけ公認的にか事実上もっぱら、指導者のために勢力を獲得したり、行政幹部の地位をその幹部によって占めたりすることだけを、目的とするかもしれない（叙任権的政党）。あるいはそれは、主としてまた意識的に、身分とか階級の利害に重点をおくか（身分的、とくに階級的政党）、それとも、具体的な没主観的目的とか抽象的原理を旨とするかもしれない（世界観的政党）。しかしながら、党員のために行政幹部の地位を獲得することは、すくなくとも副次的な目的であるのが通例であり、没主観的「綱領」は、局外者を関与者として獲得する手段にすぎないこともまれではない。概念的には、政党は、それが指導権を制圧ないし掌握しようとする団体の内部においてだけ可能である。けれども、団体間の政党連合は可能であり、また、めずらしいことではない。

政党は、勢力を獲得するために、あらゆる手段を用いることがあろう。指導部が（形式上）自由な選挙によって任命され、法規が票決によって制定されるところでは、政党は、主として、投票をあつめるための組織であり、あらかじめ用意された方針にそって票決がおこなわれるばあいには、合法的政党である。合法的政党は、その基礎が原則上任意主義的（自由な勧誘にもとづく）性質をもつところから、実際上つねに政策の運用が利害関係者本位であるという意味をもつ（ただし、ここでは、「経済的」利害関係者を念頭においているのでは毛頭ない。政治的利害関係者、したがってイデオロギー的にか勢力そのものに志向する利害関係者が、むしろ問題なのである)。というのは、こうである。政策の運用は、(a)党の指導者や幹部の手中にゆだねられており、――(b)能動的党員は、多くのばあい、たんに賛同者として、事情によっては、統制を加え、討論をおこない、異議を申し立て、党内に革命をおこす機関として、かれらに加担するにすぎない。――ところが、(c)能動的に組織化されていない大衆(選挙人および投票者)は、選挙とか投票時に勧誘される対象であるにすぎない(受動的「弥次馬」)。かれらの発言権は、現実の権力闘争にさいして、党幹部の宣伝活動が志向される手段として、俎上《そじょう》にのぼるだけである。その背後には、通例(かならずしもつねにではないが)、(d)党資金調達者がかくれているのである。

形式的・合法的な団体のなかで形式的・合法的に組織された政党以外に、なかんずく〔つぎのようなものが〕主として〔あげられよう〕。

(a)カリスマ的党派。〔これは〕首長のカリスマ的資質にかんする意見の分裂、つまり、カリスマ的に「正しい」首長についての意見の分裂〔に端を発する〕(それは、シスマ[78]の形をとる)。

(b)伝統主義的党派。〔これは〕首長がその奔放な恣意や恩寵の領域において、伝統的権力を行使する、その仕方についての意見の分裂〔から生じる〕（それは、「革新」にたいする妨害とか、公然の反抗という形をとる）。

(c)信仰にもとづく党派。〔これは〕おおむね(a)と一致するけれども、かならずしもそうであるとはかぎらない。〔それは〕世界観あるいは信仰の内容についての意見の分裂〔によってもたらされる〕（それは異端の形をとるものであって、これは合理的政党——社会主義——においてさえ生じることがある）。

(d)純然たる専有にもとづく党派。〔これは〕行政幹部を任命する仕方にかんして、首長とその行政幹部と意見の分裂〔をきたすばあいに生じるもので〕（もちろん、かならずそうなるとはかぎらないが）、(b)と一致するばあいがはなはだ多い。

組織のうえからみると、党派は、他のあらゆる団体と同一の類型にふくまれうる。このようにして、信奉者の服従にかんしても、行政幹部のそれにかんしても、党派は、カリスマ的・人民投票的な志向をもつか（指導者への信仰）、または、伝統的な志向をもつか（首長あるいは令名ある隣人の社会的威信への傾倒）、それとも、合理的な志向をもつかであろう（「定款による」投票をつうじて定められた統率者および幹部への忠誠）。細目の点（実質的な内容）については、すべて『国家社会学』にゆずる。

経済的には、党資金の調達は、影響力分配の仕方や政党の実質的行動方向のあり方にとって、中心的に重要な問題である。すなわち、それは、小口の大衆寄付であるか、イデオロギー的〔共鳴者による〕大口寄付を原則とするか、利害関係者による（直接・間接の）買収であるか、政党の提供するチャンスまたはそれに屈服した敵に課する割り前であるかである。——だが、この点の論議も、くわしくは『国家社会学』にゆずる。

(1) 定義的には（ex definitione）、政党は、（政治的その他の）団体の内部において、また、それの支配をめぐる闘争においてのみ存在する。さらに、政党の内部には、分派が存在しうるわけであり、また、そのようなばあいがはなはだ多い（一時的結社としては、アメリカの諸政党における、大統領候補のあらゆる指名運動に典型的であり、永続的結社としては、たとえば、わが国の「青年自由党」(79)（Jungliberalen）のような現象において典型的に代表されてきた）。——諸団体間の諸政党については、一方（身分としては）一三世紀のイタリアにおける教皇党と皇帝党、他方（階級としては）近代社会主義政党にみられたい。

(2) （団体規則の見地からみて形式上）政党の任意主義的な基礎である（形式上！）自由な勧誘という標識は、ここでは、政党に本質的なものとしてとりあつかわれる。いずれにせよ、それは、団体秩序によって規定され、統制された一切の結社にたいする、社会学上根本的な相違を意味するものである。団体秩序が――たとえば、合衆国において、また、わが国の比例選挙法にみられるように――政党の存在に着目し、そればかりか、政党制度を規制しようと企てるところでさえ、右の任意主義的契機は、やはり無傷のままである。もしも、政党が、団体秩序をつうじて、行政幹部に組み入れられた封鎖的結社となるならば、――たとえば、一四世紀のフィレンツェの定款において、「教皇党」(parte Guelfa) がついにこのような結社となったように、――それは、もはや「政党」ではなくて、政治団体の部分団体なのである。

(3) 真正カリスマ的支配団体における党派は、必然的に分裂的宗派である。その闘争は、信仰上の闘争であり、そのようなものとして、最終的に調停することはできない。厳密に家父長制的な団体においても、事態は似たようなものであろう。これら二種の党派が純粋に登場するばあいには、それらは、普通、近代的な意味での政党とはおよそ無縁なものである。王位僭望者を中心に集まった、知行および官職僭望者の追従者層は、普通の世襲カリスマ的および身分制的諸団体のなかで、典型的に対立する関係にある。人格的追従者層は、名望家団体（貴族制的都市国家）においても重きをなしているが、数多くの民主政体においても圧倒的優位を占めている。党派が近代的類型をもつにいたるのは、ようやく、代議制度を擁した法治国家においてである。よりくわしくは、『国家社会学』のところでのべることにしよう。

(4) 近代国家における純然たる叙任権的政党の実例は、古典的には、最近三〇年間のアメリカ二大政党である。没主観的および「世界観」的政党の例は、既往において、旧保守主義政党、旧自由主義政党および旧ブルジョア民主主義政党、降っては社会民主党——これらすべてには、階級利害の要素がいちじるしく混入している——および中央党[80]が提供したところである。中央党は、ほとんどすべての要求を貫徹してからというものは、はなはだしく純然たる叙任権的政党に堕してしまった。しかし、すべての政党において、また、生粋の階級政党においてさえ、一般に、党指導者や党幹部が、勢力、官職および生計によせるみずからの（観念的・物質的）利害関心は、かれらの態度をきめるうえで決定的に重要でもある。また、選挙人たちの利害は、選挙の見通しが危うくならざるをえないかぎりにおいてのみ、擁護されるのがつねである。この最後にあげた契機は、政党制度に対する反対者の論拠の一つなのである。

(5) 政党の組織形態については、いずれ別にとりあつかうはずである。ただし、つぎのことはすべてに共通する。すなわち、標語の作成や候補者の選択といった、能動的指導権を掌握する一群の人びとが中核となり、本質上もっと受動的な役割をあたえられた「党員」がこれに加わるが、それに反して、団体成員の大衆は、たんに客観的な役割を演じるだけであり、政党がかれらに推薦する多数の候補者や政綱のうち、いずれかをえらぶにすぎないのである。政党が任意主義的な性格をもつために、こうした事態は、政党のばあいに、いたし方のない点である。ここで「利害関係者本位」の運営と名づけておいたことをあらわすものは、こうした事態にほかならない（すでにのべたとおり、このばあいに、「利害関係者」というのは、「政治的」利害関係者のことで、「物質的」利害関係者の意味でいっているのではない）。政党制度そのものにたいする反対の、主要攻撃点の第二はここにある。政党の運営が、これまた、形式上自由な労働の利用にもとづく資本主義的経営と形式的に類似するわけもここにある。

(6) 資金調達の基礎としての大口寄付者は、「ブルジョア」政党だけに固有なのではけっしてない。たとえば、パウル・ジンガー[81]は、最大級の（そして、巷間《こうかん》伝えられるところではもっとも純粋な気持の）社会主義政党の保護者であった（加うるにまた、人道主義的保護者でもあった）。党幹部としてのかれの地位は、一にかかってこの点に存していたのである。ロシアの（ケレンスキーによる）革命は、（党内で）モスクワの巨大な資金調達者の融資をも、うけたのである。ドイツの他の（「右翼」）政党は、「重工業」によって、中央党は、しばしばカトリックの大金持によって、資金を調達された。

しかし、自明の理由から、党財政は政党史のきわめて重要な一章でありながら、それでいて、研究上いちばんすっきりしない部面である。「黒幕」（政党幹部秘密会(Caucus)[82]、概念については後述）が、ありていにいって「買収」されるということは、個々のばあいに、いかにもありそうなことである。それはとにかくとして、選挙には〔つぎの二つのばあいがある〕。一つには、選挙の立候補者が選挙費用の大部分を負担するばあい（イギリスの制度）――その結果、候補者は金権制的にえらばれることになる。――二つには、「黒幕」が負担するばあい、――その結果、候補者は党役員に隷属することになる。永続的組織としての政党が存在する以上、このことは、一四世紀のイタリアにおいても、現代においても、右のいずれか一つの形式において、おこなわれるのである。このようなことがらは、かりそめにも、美辞麗句でおおいかくされてはならない。党資金の調達力には、たしかに限界がある。だいたいにおいて、それは、「市場」がもつ原理を獲得手段として登場させることができるにすぎない。けれども、資本主義的企業者層が消費にたいする関係において、そうであるように、広告手段のあたえる暗示によって、供給の力は、途方もなく増大しているのである（このことは、右翼または左翼の方向、――そのどちらでもかまわない――における「急進政党」〔の広告手段があたえる暗示〕について、とくにあてはまる）。

第十章　没支配的団体行政と代議行政

〔19〕　没支配的団体行政と代議行政

為政者がひたすら団体成員の意志を体し、かれらに「奉仕」し、全権を委任されて機能すべきものとすることによって、団体は、執行機能とむすびついた支配権力を――ある最小限度は不可避であるが――できるだけ減少させようと努力することがあろう（支配の極小化）。このことは、その全員が一つ場所に集合することができ、相互に面識の関係にあり、社会的に同等に評価される、小規模の団体において、最大限に達成されうるが、また、比較的大きな団体（とくに、過去の都市団体および地方団体）によってもこころみられたのである。そのためにひろく用いられる技術的手段は、つぎのとおりである。

(a)できれば、総会と総会のあいだだけの、短期の在職期限、(b)常時の召還権（リコール）、(c) 任命にさいして、輪番または抽籤を原則とすること、その結果、各人が一度は「順番にあたる」わけであり、――したがって、専門知識や職務上の秘密知識が優位に立つことは回避される。(d) 職務執行の仕方にたいする厳密に訓令付の委任（一般的権限ではなく具体的権限）。これは、総会により確認される。(e) 総会での厳格な報告の義務、(f) 予期しない異例の問題〔が生じたばあいに〕どのようなものであろうと、それを総会（または委員会）にはかる義務、(g) 特別委任をあたえられた、同列的な無数の官職、――したがって、(h) 官職の兼職的性格。

行政幹部が選挙で任命されるばあいに、選挙は総会でおこなわれる。行政は、本質上口頭によるのであって、法律が記録にとどめられなければならないときにかぎり、文書による記録がおこなわれるにすぎない。重要な措置は、すべて、総会の議に付されるのである。総会が効力をもつかぎりにおいて、この種の行政およびこの類型に近い種類の行政を、「直接民主制」と呼ぶことにしておく。

(1) 北米の郡区（township）やスイスの小さな州（グラールス、シュヴィーツ、両アペンツェル等々）は、すでに大きさからいっても、「直接民主制的」行政の可能性の限界に立つものである（その技術について、ここでは論じないでおいてよかろう）。アテーナイの市民民主制は、事実上の限界をはるかにこえていたし、中世初期のイタリア都市の民会（parliamentum）になると、ますますそうであった。各種の協会、ギルド、学術団体、大学、競技団体は、しばしばこのような形で管理される。けれども、直接民主制は、いかなる首長の君臨をもゆるそうとしない「貴族制的」支配団体の内部的平等にも、同様に転用することができる。

(2)団体の規模が地域的にか人数の点で（最上のばあいには両方とも）小さいこととならんで、専門的職業官僚でなければ解決できないような質的任務が存在しないことも、重要な前提条件である。よしんば、この職業官僚群をきわめて厳重に隷属させようとするこころみがなされるとしても、やはり官僚制化の萌芽は存するのであり、とりわけまた、真に「直接民主制的」な手段によっては、かれらを任命したり召還したりすることはできないのである。

(3)直接民主制の合理的形態は、原始的な長老制的団体あるいは家父長制的団体と、内面的に密接な関係がある。なぜなら、それらのばあいにも、同輩に「奉仕」する行政がおこなわれるからである。だが、そこには、(a)行政権の専有と、――(b)（通常）きびしい伝統への拘束が存在する。直接民主制は、合理的な団体であるか、そうでなくても、合理的な団体たりうるのである。過渡的形態は、すぐつぎに話題にのぼる。

〔20〕 名望家行政

「名望家」というのは、つぎのような人びとのことであるとしておく。すなわち、かれらは、

(1)ある団体において、無報酬でか、ほんの名目上または名誉上の報酬をもらって、継続的・兼職的に〔団体の〕指導および行政面の仕事にたずさわることができるような、経済的状態にある人びとであり、

(2)どのようなことが原因であってもよいが、ある社会的尊敬をうけているために、形式的な直接民主制にあっては、同輩の信任によりまず自発的に、ついには伝統的に、官職を占有するチャンスをもつ人びとなのである。

政治によって生きなければならないのではなく、政治のために生きることができるという、この本来の意味における名望家の地位の絶対的前提は、みずからの私的職業にたずさわらなくてもすむ、一種独特な「ゆとり」の度あいなのである。その点、いちばん恵まれているのは、各種の利子生活者、つまり、土地・奴隷・家畜・家屋・有価証券による利子生活者である。その商売がら、格別らくに、政務を片手間に処理で

きるような有業者、すなわち、季節的営業者（それゆえ農業者）、弁護士（「事務所」をもつからである）、および他の種々の自由業が、それにつぐ。臨時の商業にたずさわる素封家も、かなりの程度〔そうしたゆとりをもっている。〕その点、いちばん恵まれていないのは、自営の工業企業者と労働者である。どの直接民主制も、「名望家行政」に推移する傾きがある。その理由は、観念的にみて、名望家行政が、経験や没主観性をつうじて、とくにその資格があるとみなされるからであり、また、物質的にみれば、この種の行政がひじょうに安くつき、ときには一銭もかからないからである。名望家は、一部は物的行政手段を所有し、とりわけ、自己の財産をかようなものとして利用し、一部は団体によって行政手段を用立てられる。

(1) 名望家層の身分的資格にかんする決疑論は、のちにふれる。あらゆる原始社会において、この主な源泉は、富にほかならない。この富を所有するだけで、「長」の資格をあたえられるばあいは、よくあることである（その条件については、第十二章参照）。さらに、事情しだいでは、世襲カリスマ的評価とか血統という事実が、より多く重きをおかれることもあろう。

(2) アメリカ人の郡区は、自然法的な基礎のうえに、じっさいの輪番を保証したのであるが、それとは対蹠《たいせき》的に、直接民主制的なスイスの諸州においては、職員名簿を調べてみると、同姓、そればかりか、同じ家族がたえずくりかえしでてくる事実を、たやすく跡づけることができよう。(「召集された民会」に出席する) ゆとりが比較的多いという事実は、古ゲルマン人の人民集会的共同体[83] (Dinggemeinde) や、はじめはいくらか厳格に民主制的であった北ドイツの諸都市においてさえ、豪族 (meliores) と市参事会員の資格をもつ都市貴族とが分化してくる原因の一つであった。

(3) 名望家行政は、どの種類の団体にもみいだされるのであって、たとえば、官僚制化されていない政党においても、それは典型的に存在する。名望家行政は、つねに疎放な行政を意味している。だから、それは、現実的でしかも焦眉《しょうび》の経済上および行政上の必要から、精確な行為が要求されるときには、団体にとってはたしかに「無償」ではあるけれども、個々の団体成員にとってはまま「高価」につくものなのである。

真正の直接民主制も、真正の名望家行政も、なにがしかの (弾力性ある) 員数 (数千の完全資格をもった成員) をこえた団体が問題となるか、それとも、一方では専門的訓練と、他方では指導部の恒久性を必要とする行政事務が問題となるならば、ともに技術的に用をなさないのである。このばあいに、交替つねならぬ統率者のほかに、永続的に任用された専門官僚が事務をとらされるようなことでもあれば、行政は、執務する専門官僚の手に事実上ゆだねられるのが普通である。ところが、これに反して、統率者の容喙《ようかい》は、本質上ディレッタント的な性格をもつにとどまるのである。法律顧問や、事情によっては、官房職員さえを向うにして、片手間に大学の要務をつかさどる、交替つねならぬ総長の状態は、その典型的な例である。比較的長い期限で自治的に選出された大学総長（アメリカ的類型）だけが、——例外的人物を度外視すれば、——美辞麗句やもったいぶり以上のものからなる大学の「自治」を、完《まっと》うすることができるにすぎないであろう。そうして、このような結論をひきだすのにさからう者は、一方において、大学教授連の虚栄心と、他方において、官僚制の勢力関心であるにすぎない。だが、必要な修正を加えるなら（mutatis mutandis）、事態はどこでもそんなものなのである。

さらに、支配を欠いた直接民主制と名望家行政とは、あい抗争して官職を専有しようとする永続的組織としての政党が生じないかぎりでだけ、純粋な性質をもちつづけるにすぎない。けだし、政党が出現するようなことがあれば、抗争し——どんな手段を用いようと同じことだが——勝利をおさめた政党の指導者やその行政幹部は、これまでの行政のあらゆる形態をとどめているにもかかわらず、支配組織にほかならないからである。

これは、「旧来」の諸関係が崩壊する、かなりありふれた形式である。

第十一章　代　表

〔21〕代表の本質と諸形態

代表というのは主として、特定の団体所属員（代理者）の行為が、そのほかの成員に帰せられるか、それとも、かれらによって「正当」なものとみなされ、また、かれらに拘束力をおよぼすべきものとされ、事実上そのような力をもつようになる事態、というほどの意味である。この点については、すでに（『経済と社会』第一章第一一節において）のべておいた。

ところで、代表は、団体支配の内部で、数多くの典型的な形態をとる。すなわち、

（1）専有された代表（の形をとるばあい）。統率者（または団体幹部成員）は、専有された代表権をもつのである。この形式をとった代表は、ひじょうに古く、多種多様な家父長制的およびカリスマ的（世襲カリスマ的、官職カリスマ的）支配団体にみ

いだされる。代理権のおよぶ範囲には、伝統的な枠がある。

氏族の族長または部族の長（Häuptlinge）、カーストの長者（Kastenschreschths）、宗派の世襲的司祭、〔インドの世襲カリスマ的〕村長《おさ》（Dorf-patels）、マルク共同体の長、(84)世襲君主および各種団体のこれに類する一切の家父長制的・家産制的統率者が、この部類にふくまれる。近隣団体の長老と契約を締結し、一種の法的な協定をとりむすぶ権能は、そのほか原始的な事情（オーストラリア）においてさえみとめられる。

専有された代表とひじょうに密接な関係に立つのが、

(2)　身分制的（私権的）代表である。この種の代表は、それが主として、もっぱら固有の（専有された）権利（特権）の代理および主張とみなされるかぎりにおいて、「代表」ではない。しかしながら、それは、ある身分的協定への同意のもつ効力が、特権保持者の人格をこえて、特権のない階層、つまり、領民ばかりではなしに、特権によって身分的に資格づけられていない他の人びとにまで遡及《そきゅう》するかぎりで、代表としての性格をもつ（また、それゆえに、ときにはそのようなものとみなされる）。それというのも、特権ある者の協定によってかれらが拘束されるということは、通常、まったく自明のことと前提され、あるいは強く要求されるためである。

すべての封建法廷や身分的特権集団の集会、またとくに（κατ᾽ ἐξοχήν）、中世末期および近世ドイツの「身分代表議会」が、この部類にはいる。この制度は、古代や西洋以外の地域では、ほんのちらほらみとめられるにすぎないのであって、一般的な「通過段階」ではなかったのである。

（3）拘束的代表は、これときびしく対立する。すなわち、えらばれた（または、輪番とか抽籤その他類似の手段で定められた）受任者の代理権力は、訓令付委任および内・外にたいする召還権によって限定され、被代理者の同意に拘束される。このような「代表者」たちは、じっさいには、かれらによって代表される人びとの役員なのである。

訓令付委任は、古くより、また、雑多をきわめた団体において、ある役割を演じてきた。たとえば、フランスにおける自治団体《コンミューン》の選出代理者は、「陳情書」（cahiers des doléances）に徹頭徹尾拘束されるのが、ほとんどつねであった。――近時、この種の代表は、とくにソヴィエト的共和国にみとめられる。これらの共和国にとって、それは、大量成員団体では不可能な直接民主制の代用物なのである。拘束的受任者は、もちろん、中世および近代西欧以外のいろいろな団体にも存していたが、しかし、どこでも大きな歴史的意義をもつにはいたらなかった。

（4）無拘束的代表。代表者は、通則として選出され（ときには、形式上または事実上、輪番によって決定され）るのであるが、かれはなんら訓令の拘束をうけず、自己の一存で行動する。かれは、没主観的な自己の所信にたいしてだけ義務を負い、被代表者の利害を擁護するように命じられてはいない。

この意味での無拘束的代表は、訓令に欠陥があるか、訓令があたえられないところから、必然的に生じてくることがまれではない。しかし、ほかのばあいには、それは、代表者をえらぶという意味に適った内容なのである。そうだとすれば、そのかぎり、かれは選挙人によってえらばれた主人そのものなのであって、選挙人の「下僕」ではない。近代の議会主義的代表は、別してこのような性格をおびていた。それは、合法的支配の特徴である、抽象的（政治的・倫理的）規範への拘束という全般的な没主観化を、こうした形で分かつわけである。

かような特質は、近代的政治団体の代議体、つまり、議会にもっともよくあてはまる。議会の機能は、政党の任意主義的干渉をぬきにしては説明できない。この政党こそは、政治的に受動的な市民に候補者と政綱を提示し、議会の内部で妥協とか票決によって、行政規範を制定するものなのであり、また、選挙にさいし、多数を制するのに成功したあかつきには、行政規範自体に統制を加え、行政規範をその信任によって支持し、ひきつづき信任を拒否することによって、それをくつがえすのである。政党指導者およびかれの任命にかかる行政幹部、つまり閣僚、官房長官、またときには、副官房長官は、「政治的」国家指導者である。すなわち、かれらの地位は、自分たちの政党が選挙で勝つかどうかにかかっており、選挙に負ければ退陣を余儀なくされるのである。政党支配が完全に滲透しているところでは、かれらは、議会での政党選挙をつうじ、形式上の首長である君主の認証をうける。首長権力を収奪された君主の役割は、〔つぎの二点に〕制限されるのである。(1)党とはかって指導的人物をえらび、任命をおこなうことによって形式的に正当化すること。そのほか、(2)そのときどきに支配をおこなう党首の措置を、合法化する機関の役目をはたすこと、〔がこれである〕」。

そのさい、閣僚の「内閣」、つまり、多数党の委員会は、実質上よりいっそう単一支配的に組織されるか、それとも、よりいっそう合議制的に組織されるかであろう。後者は、連立内閣のばあいに、避けがたいものであるが、前者は、ずっと精確に機能する形態である。職務上の知識の機密保持および対外的連帯責任は、猟官的追従者または敵の攻撃に対抗する、ありふれた権力手段として用いられる。実質的〔効果的〕権力分立がないばあいに、この制度は、あらゆる勢力が、そのときどきの党幹部によって、完全に専有されることを意味するのである。指導的地位だけにとどまらず、さらに、官僚の地位は、往々にして追従者たちのあてがい扶持となる。議会主義的内閣統治とは、およそこのようなものなのである。

この制度にたいするW・ハスバッハ(85)のすばらしい政治的論駁書《ろんばく》（これは、あやまって一つの「政治学的記述」と呼ばれている）は、種々の事実をのべているが、それについてはいくどかふれるはずである。拙稿『新秩序ドイツにおける議会と政府』〔のなかで筆者〕は、この論駁書が、特定の時代的状況からのみ生まれたものであると、その性格をはっきり強調しておいた。

政党支配による勢力の専有が充分ではなく、君主（または、かれに匹敵する〔ような人物〕、たとえば、人民投票でえらばれた大統領）がみずから勢力を保持し、とりわけ（将校をふくめて）官職叙任権を保持するばあいに、立憲的統治が成立する。別して、それは、形式的権力分立のおこなわれるところに成立するのである。人民投票的大統領と議会との併立、すなわち、人民投票的・代表的統治は、その特殊な事例である。

他方、純粋に議会主義的に統治された団体の指導部は、ついにはただ、議会による政府（あるいは統率者）の選挙をつうじてのみ任命されうる。これが、純代表的統治にほかならない。

代表機関の統治権力は、被支配者に直接質問する道がひらかれていることによって、ひろく制限され、かつ正当化されることがあろう。国民投票制度が、それである。

(1) 西欧に固有なのは、無拘束的代表とそれの議会への合流なのであって、代表それ自体ではない。これは、古代その他のところで、わずかに萌芽の形で存したにすぎない（都市同盟における代表者会議は、なおやはり原則上、拘束的委任をともなうものであった）。

(2) 訓令付委任の打破は、君主のとった態度にいちじるしく左右されたのであった。フランスの王は、通例、選挙の告示にさいし、三部会（Etats généraux）の代表者にたいして、王の提案に賛成の投票ができる自由を要求したものである。さもなければ、訓令付委任によってすべてが妨害されたであろうからである。イギリスの議会では、（いずれのべられるような）構成と議事運営の仕方から、同じような結果が生じてきた。この結果として、一八六七年の選挙法改正[86]にいたるまで、国会議員たちは、みずからを特権ある身分とみなしていたのであって、それがいかに強いものであったかは、なんといっても、傍聴の厳重な禁止に一目瞭然である（一八世紀の中葉にいたってもなお、議事にかんする報道をおこなった新聞にたいしては、重い罰金が科せられたのである）。国会議員が「全人民の代表者」であるという説、すなわち、かれが委任に拘束されない（「下僕」ではなく、それこそ――ありていにいって――主人である）という説は、フランス革命でそれ以後古典的となった（内容空疎な）形式がそれにあたえられるずっと以前に、すでに文献のなかにでていたことなのである。

(3) イギリスの王（およびその範にならって他の諸王）は、いかにして、純然たる政党的立場に立つ非公式の内閣統治によって、漸次権力を剝奪されるにいたったのか。また、このような、それ自体独特ではあるが（イギリスには、官僚制がなかったのだから、よくいわれるほどには「偶然的」ではないけれども）、世界的な意義をもつようになった発展は、いったいなにに由来するのか。そうしたなりゆきや理由を、ここで立ちいってのべる余裕はない。同様に、アメリカの人民投票的・代表的な機能的権力分立制度、国民投票（本質的にいって、腐敗した議会に対抗する不信任の手段）の発展、およびスイスやこんにち数多《あまた》のドイツ諸州においてそれにむすびついた純代表的民主制についても、ここでは立ちいらない。ここでの眼目は、主な類型のいくつかを確かめることにあったにすぎない。

(4) いわゆる「立憲」君主制の本質としては、なによりもまず、大臣や司令権をもふくめて、官職叙任権の君主による専有があげられるのがつねであるが、この立憲君主制は、事実上純粋に議会主義的な（イギリス流の）それに、ひじょうに似ていることがありうる。ひるがえってまた、後者は、政治の才にたけた君主（エドワード七世[87]のごとき）を、わき役として、国政の指導にしたしく関与するのを閉めだすわけでは毛頭ない。詳細については、追ってのべよう。

(5)代議体は、かならずしも、万人の権利（選挙権）の平等という意味あいで、「民主的」であるとはかぎらない。かえってそれどころか、議会主義的支配が存立する古典的な基盤が、貴族制または金権制であるのをつねとしたことは、あきらかなところである（イギリスにおいてそうであった）。

経済との関連。この点は、複雑をきわめており、のちほど別に立ちいって論じる必要がある。ここではさしあたり、つぎの諸点を一般的にのべておくにとどめよう。

(1)旧《ふる》い身分の経済的基盤の解体は、「無拘束的」代表への移行をひきおこす原因となった。煽動政治の才能をもった人物が身分の別なく活躍する道は、そこにひらかれたのである。解体の因をなしたものは、ほかならぬ近代資本主義なのであった。

(2)法秩序や行政の機能作用の計算可能性と確実性への必要、つまり、合理的資本主義の死活にかんする必要は、ブルジョアジーを駆って、家産君主や封建貴族をある団体によって掣肘しようとする道をとるにいたらせたのである。この団体のなかで、ブルジョアは、決定的発言権をもっていたのであり、また、この団体が、行政や財政を統制し、法秩序の変更に参画するはずなのであった。

(3)この変革期において、プロレタリアートは、政治的勢力として重きを占め、ブルジョアジーの地位をおびやかすほどには、発達していなかった。そのうえ、財産上の資格による選挙権の制限により、有産者の権力的地位を危くするようなものはすべて、容赦なくとりのぞかれたのである。

(4)資本主義が発達するために好都合な、経済と国家との形式的合理化は、議会をつうじていちじるしく促進されることができた。政党にたいする影響力は、たやすく獲得できるかにみえた。

(5)現存する政党の民衆煽動は、選挙権の拡大という方向をたどった。外国との紛争にさいして、プロレタリアートを味方にひきいれる必要〔があったこと〕と、〔かれらが〕ブルジョアにくらべれば「保守的」〔であろうという〕かれらの性格にかけた――あてはずれの――期待とは、いたるところで、君主や大臣たちが〔終局的に〕平等選挙権をよしとするきっかけとなったのである。

(6) 議会が正常の機能をいとなんだのは、議会のなかに「教養と財産」ある階級——したがって名望家——が、いわば「水いらずで」存在するあいだだけであったし、また、純粋に階級的な立場に立つ政党ではなく、ただ身分対立や雑多な種類の財産がもとで生じた対立が優勢であるあいだだけであった。純然たる階級政党、ことにプロレタリア政党の勢力が台頭するにつれて、議会の形勢は変化したのであり、現に変遷をとげつつあるのである。だが、政党の官僚制化（政党幹部秘密会制度）も、これにおとらず変化をうながすうえにあずかって力があった。この官僚制化は、特殊に人民投票的な性格をもち、選挙民の「主人」であった代議士を、党機構の指導者につかえる下僕に転化するのである。それについては、別にのべることにしよう。

〔22〕 利益代表者による代表

（5） 利益代表者による代表とは、つぎのような種類の代議体、すなわち、そこでは、代表者が無拘束にかつ職業的または身分的あるいは階級的所属のいかんを問わずに任命されるのではなく、職業、身分的または階級的状況にもとづいて構成された代表者が、それぞれ同地位者によって任命され、しかも、あい合して——目下しきりに取沙汰されているように――「職能代表」を形づくるようなものである、といっておく。

このような代表は、

(1)どのような種類の職業・身分・階級が加入をゆるされるかにおうじて、

(2)係争処理の手段が票決であるか妥協であるかにおうじて、

(3)第(1)のばあいに、個々の部類のものが数的に何人ぐらい関与するかにおうじて、

根本的にことなった意味をもちうるであろう。それは、いちじるしく革命的な性質をもつこともあり、すこぶる保守的な性質をもつこともある。いずれのばあいにも、それは、強大な階級政党が成立した所産なのである。

この種の代表をつくりだそうとする意図には、通常、一定の階層から選挙権を剥奪しようとする意図がむすびついている。それは、(a)職業にたいする委任の割りあて方によって、数のうえではつねに優勢な大衆から、実質上〔選挙権を剥奪しようとするか〕、(b)選挙権を無産者に限定することにより、経済上の権力的地位の点で優位に立つ階層から、形式上選挙権を剥奪しようとするものである（いわゆるソヴィエト国家〔がこれにあたる〕）。

もっぱら利害関係者（政党）本位の政治の運用は、たとえ従来のあらゆる経験から

みて排除されないにせよ、——すくなくとも理論上は——この種の代表によって弱められる。選挙資金のもつ意義は、これまた真偽のほどはわからないけれども、——理論的には——弱められうる。この種の代議体の性格は、指導者を無用とする傾向をもっている。というのは、職業上の利益代表者として俎上にのぼるのは、その時間を全部さいて利益代表の職務に専念できる代表者だけであり、したがって、富裕でない階層にあっては、利害関係者団体の有給書記にかぎられるからである。

(1) 係争調停の手段である妥協をともなう代表は、歴史上比較的古い「身分制的」団体のすべてに特有である。こんにち、それは、「労資協同体」でさかんにおこなわれ、「党派別の投票」(itio in partes) や協議が、別々に諮問し議決する個々の団体のあいだにおこなわれるならわしのあるところでは、どこでもひろくおこなわれる。ある職業の「重要性」をあらわす数字が見あたらず、またなによりも、労働者大衆と(しだいに減少しつつある)企業者との利害が、しばしば過度に敵対的であるために、また、企業者の発言が、とくに専門的——とはいうものの、とくに個人的な面に関心をよせているのだが——であって、その数は別としても、なにほどか重くみなければならないので、階級的あるいは身分的にきわめて異質的な要素からなる寄合世帯では、形式的な「全員投票」などということは、まったく機械的で、無意味なことである。最後の手段(ultima

ratio）としての投票用紙は、相互に抗争し妥協点について話しあいをする政党の特質なのであって、「身分」の特質ではないのである。

(2)「身分」にあっては、団体が社会的にほぼ同等の地位にある要素からなるばあい、たとえば、「労働者委員会」におけるように、労働者だけから構成されているばあいに、投票用紙は適切である。その原型は、ギルド闘争の時代のメルカダンツァである。これは、個々のギルドの代表者で構成され、多数決にしたがって票決していたが、しかし、事実上は、とくに有力なギルドが投票数で勝つと、分裂の危険にさらされていたのである。労働者委員会に「職員」が加入しただけでも、こういった問題がおきてくる。そこで、かれらの投票権の割りあては、おおむね機械的に制限されてしまうことになる。それればかりでなく、事態は、農民や手工業者の代表が加入をみとめられるたてまえになっているところでは、いっそう紛糾してくる。いわゆる「高級」職業や企業者がともにふくまれるたてまえになっているところでは、投票用紙でこうした事態を決定することは、まったく不可能となるのである。全員投票をともなう労資協同体が、労資「同数」で構成される、ということの意味するところは、こうである。つまり、御用組合員は企業者の肩をもち、おべっかをつかう企業者は労働者の肩をもつわけであり、したがって、階級的品位にもっとも欠ける分子が、決定権をにぎるのである。

だが、平穏時には、純粋にプロレタリア的な「評議会」傘下の労働者のあいだにも、はげしい対立が生じるのであって、この対立は、評議会を事実上麻痺させるかもしれず、いずれにせよ、利害関係者相互を闘わせて漁夫の利を占めようとする巧妙な政策のためのチャンスをもたらすかもしれない。官僚制が、この思想にかくも好意的な考えをもつわけは、まさしくこの点にあるのである。それればかりではなく、労働者がわの代表者・対・農民がわの代表者のばあいについても、同じチャンスが生じるであろう。それはとにかくとして、かような代議体の厳密に革命的ではない構成は、すべて、けっきょくのところ、別の形をとった「選挙区幾何学」のあたらしいチャンスをもたらす結果となるだけである。

(3)「職能」代表がでてくるチャンスはすくなくない。技術的・経済的発展が安定化する時代には、このチャンスは極度に大きいであろう。しかし、そうでなくても「党生活」はひどく不活発となるであろう。こうした前提がなりたたないかぎり、職能代表団体が政党を閉めだすなどということは、もちろん考えられない。「経営協議会」――こんにちでさえ、そのなりゆきはみえすいているのだが――をはじめとして、全国経済会議にいたるまで、かえっておびただしい量にのぼるあたらしい秩禄が、信任の厚い党員に才覚され、利用されもしているのである。経済生活は政治化され、政治は経済化される。ひとそれぞれの究極的価値観点によって、これらすべてのチャンスにたいする態度には、根本的なちがいがあることであろう。しかしながら、事実はかくのごとき状態なのであり、それ以外のなにものでもないのである。

任意主義的な利害関係者本位の政治の運用をともなう真の議会主義的代表も、そこから展開をとげ、それなりの結果をともなった人民投票的政党組織も、また、利益代表者による合理的代表という近代的思想も、ともに西欧に特有のものであって、西欧における身分および階級の発展をつうじてしか説明できないことである。すでに中世西欧において、しかもそこにおいてのみ、この発展はそれらの先駆的現象をつくりだしたのであった。「都市」と「身分」（王と王権 rex et regnum）、「ブルジョア」と「プロレタリア」は、西欧にのみ存在したのである。

第十二章　身分と階級

〔23〕 階級的状況および階級の概念

「階級的状況」というのは、(1)財貨の調達、(2)外的な社会的地位、(3)内的境遇の典型的なチャンスのことである、といっておく。それは、財貨または給付資格にたいする処分権力（あるいはその欠如）の程度と種類から生じ、また、所与の経済秩序の内部で所得あるいは収入を取得するために、この処分権力を利用しうる所与の方法から生じてくるものである。

「階級」というのは、同一の階級的状況にある人びとの集団である、としておこう。

（A）階級的状況が、主として、財産のちがいできまってくるかぎりで、その階級を財産階級とよぶことにしておく。

（B）階級的状況が、主として、財貨とか労務を市場で利用するチャンスできまってくるかぎりにおいて、その階級を営利階級とよんでおこう。

(C)〔いくつかの〕階級的状況のあいだで、(イ)個人的にか、(ロ)幾世代にわたって、それを替えることがたやすく可能であり、しかも、定型的におこなわれるのがつねであるような、階級的状況の総体を称して、社会階級ということにしておく。

これら三つの階級部類のすべてを基盤として、階級利害関係者の結社(階級団体)が成立しうる。しかし、かならずしもそうであるとはかぎらない。階級的状況および階級ということは、それ自体、個人ならびに他の無数の人びとが、同じ(あるいは類似の)類型的な利害状況のもとにおかれている事態をしめすにすぎないのである。原理的には、各種の消費財、生産手段、資産、営利手段、給付資格にたいする処分権力によって、それぞれ独自の階級的状況が構成されるのであって、労働による取得を唯一のたのみとする無産者が、まったく「技能をもたず」、不安定な職業に従事するばあいにだけ、統一的な階級的状況が構成されるにすぎない。一方〔の階級的状況〕から他方への移行には、難易・緩慢の点でひじょうなちがいがある。このように、「社会」階級の統一性には、さまざまな色あいがあるわけである。

(A)特権ある財産階級の主要な意義は、つぎの諸点に存している。

(イ)購入にさいして、高価な(金目のかかる)消費財の調達を独占すること、(ロ)販売にさいして、独占的な地位にあり、また、計画的な独占政策をおこないうること、(ハ)未消費の剰余分によって、財産形成のチャンスを独占すること、(ニ)節約によって、資本形成のチャンスを独占すること、それゆえ、貸付資本として財産を投資し、こうして指導的(企業者の)地位を統制する可能性があること、(ホ)それが、多額の費用を要するかぎりで、身分的な(教育上の)特権〔を独占すること〕。

Ⅰ 特権ある財産階級は、典型的には利子生活者である。かれらは、(a)人間を所有することで利子を取得するか(奴隷所有者)、(b)土地とか、(c)鉱山から生じる利子で生活するか、(d)設備から生じる利子で生活するか(工場施設や器具の所有者)、(e)船舶から生じた利子で食べてゆく者であるか、(f)債権者、つまり、(イ)家畜、(ロ)穀物、(ハ)貨幣の債権者であるか、(g)有価証券による利子生活者であるかであろう。

Ⅱ 特権のない財産階級は、(a)所有の対象となる人びと(不自由人――「身分」のところを参照)、(b)零落者(古代的な意味での「無産者」proletarii)、(c)債務者、(d)「貧民」を典型とする。

それらの中間に位するものが「中産階級」であるが、これには、財産とか教育資格をあたえられ、そこから利得をうる各種の階層がふくまれる。それらの若干のものは、「営利階級」たりうるであろう(本質上特権ある企業者と特権のないプロレタリア〔がこれにあたる〕)。しかし、すべての階層がこの部類にぞくするとはかぎらない(農民、手工業者、官僚)。

純然たる財産階級別の構成は、「力動的」ではない。すなわち、こうした階級構成からは、階級闘争や階級革命がでてくる必然性はないのである。たとえば、奴隷所有による利子生活者はひじょうな特権をもった財産階級であるが、かれらは、特権の点ではるかにおとる財産階級である農民、そればかりか零落者とも、全然階級対立なしに併存するばあいがしばしばであり、ときには〔かれらのあいだに〕連帯関係さえ存在することがあるのである（たとえば、不自由人との関係について、そうである）。ただし、〔つぎのような〕財産階級の対立、つまり、(1)地代取得者・対・零落者、(2)債権者・対・債務者（しばしば、都市在住の素封家・対・農村在住の農民または都市在住の小手工業者）の階級対立は、革命的闘争を招来するかもしれない。けれども、この闘争は、経済体制の変革をかならずしも意図するものではなく、主としてただ、財産の賦与および分配の変更をめざすにすぎないのである（財産階級による革命）。

南部諸州における栽植企業者にたいする、プーア・ホワイト・トラッシュ（奴隷を所有しない白人）の状態は、階級対立を欠如した古典的な例である。プーア・ホワイト・トラッシュは、その境遇上往々にして家父長的な感情に左右された栽植企業者よりも、黒人にたいしてはるかに敵意をいだいていた。有産者にたいする零落者の闘争、ならびに、債権者・対・債務者および地代取得者・対・零落者の闘争の主な実例は、古代にみとめられる。

〔24〕営利階級の意義

(B) 特権ある営利階級の主要な意義は〔つぎの二点に〕存している。すなわち、(イ)その階級成員の営利関心のために、この階級によって財貨調達の管理を独占すること、(ロ)政治的その他の団体の経済政策に影響をおよぼすことをつうじて、かれらの営利チャンスを確保すること、〔がそれである〕。

I 特権ある営利階級は、典型的には企業者である〔それはつぎのものから構成される〕。(a)商人、(b)船主、(c)工業企業者、(d)農業企業者、(e)銀行家および金融業者、ばあいによっては、(f)卓越した能力とか教育をさずかった「自由業」〔弁護士、医師、芸術家〕、(g)独占的な資格のある労働者〔〔この資格は〕生まれつきのものであるか、それとも、陶冶《とうや》され訓練された〔結果である〕〕。

II 特権のない営利階級は労働者を典型とするが、労働者のなかにも質的にいろいろことなった種類がある。(a)熟練労働者、(b)習練労働者、(c)不熟練労働者〔がそれにふくまれる〕。

このばあいにも、そのあいだに「中間階級」として、独立の農民・手工業者が位している。〔この部類には〕さらに〔つぎの人びとがふくまれるばあいが〕すこぶる多い。(a)（公的および私的）官僚、(b)前記Iの(f)でのべた部類の人びと、および例外的に（生まれつきの、または、陶冶されるか訓練された）独占的資格をもった労働者〔がふくまれる〕。(c)社会階級〔として〕は、(イ)労働者層の全体（これは労働過程が自動化されるほど、ますますもってそうである）、(ロ)小市民層、および(ハ)無産の知識層および専門家（技術者、商業その他の「職員」、官僚群。おそらくこれらの人びとは、教育費の多寡におうじて、社会的にすこぶるまちまちであろう）〔があげられるが、かれらもこの部類にぞくする〕。(d)有産者および教育によって特権づけられた人びとの階級〔もこれにぞくする〕。

カール・マルクスの『資本論』の結論は中断されたままであるが、それはあきらかに、プロレタリアートの質的分化にもかかわらず、その階級的統一性の問題にとりくもうと意図したのであった。機械のかたわらで、さほど長からぬ期間内に習得された労働が、「熟練」労働はもとより、ときには「不熟練」労働をも犠牲にして、しだいにその意義を増大しつつあるということが、それにとって決定的である。とはいえ、習得された能力でさえ、えてして独占的資格であるばあいがある（織工は、往々五年の〔経験をつんで〕のちに、最大限の能率にたっするのが定型的である！）。以前には、どの労働者も、「独立」の小市民に移行するのを目標に努力したものである。ところが、それを実現する可能性は、ますますすくなくなっている。(a)および(b)が、社会階級(c)（技術者、事務員）へと幾世代にわたって「上昇」することは、わりあいと容易である。階級(d)の内部では、――すくなくとも世代的連続においては――万事がお金しだいとなりつつある。銀行や株式企業においては、階級(c)のうち職員層は、(d)に上昇するチャンスをもっている。

組織的階級行動は、〔つぎのばあいに〕もっともたやすくつくりだされる。すなわち、(a)（じっさいに「不労」所得をうる株主・対・労働者、ならびに地主・対・農民ではなく、企業者・対・労働者という）直接の利害対立者にたいして、(b)典型的に、大規模に類似した階級的状況があるばあいにかぎって、(c)技術的にみて団結が容易におこなわれうるばあい、とりわけ、地域的に密集した労働共同体（職場共同体）において、(d)通例、非階級所属員（知識分子）によってさずけられるか解釈される、明瞭な目標へむかっての指導がなされるばあいにだけ、〔つくりだされるのである〕。

〔25〕 身分的状況および身分

身分的状況とは、社会的評価における積極的または消極的特権づけのことであり、それにたいして効果的な〔享受の〕要求が典型的になされるものをいう。身分的状況は〔つぎの諸点に〕基礎づけられている。

(a) 生活様式、――それゆえ、

(b) 形式的な教育方式、つまり、(イ) 経験的または、(ロ) 合理的な教育およびそれにふさわしい生活形式の所有、

(c) 門地とか職業上の威信〔がそれである〕。

身分的状況は、じっさいにはなによりもまず、

(イ) 通婚 (connubium)、

(ロ) 食事の同席、――あるいは、

(ハ) しばしば、特権づけられた営利チャンスの独占的専有または特定営利活動の忌避、

(ニ) 他の種類の身分的因習 (「伝統」) のうちにあらわれている。

身分的状況は、一定種類のあるいはいろいろな階級的状況にもとづくことがありうる。だが、それは、階級的状況だけによって決定されるのではない。貨幣所有と企業者的地位は——そうした結果をもたらすことはありうるにしても——それ自体はけっして身分的資格ではない。無産ということ自体は、たとえそのような結果を招来する可能性はあるとしても、けっして身分的資格の剝奪であるということにはならない。他面において、身分的状況は、階級的状況を制約するひとつの、または唯一の要因ではありうるけれども、だからといって階級的状況と同一のものではない。将校、官僚、学生の階級的状況は、かれらの財産によって決定される関係上、はなはだしくまちまちであるかもしれない。ところが、かれらの身分的状況にはちがいがでてきていないこともあろう。というのは、教育の結果生じた生活様式の特質が、身分的に重要な点で同じであるからである。

「身分」というのは、ある団体の内部で

(a) 特殊な身分的評価〔の享受〕や、——ときとしてまた、

(b) 特殊な身分的独占〔の享受を当然の権利として〕有効に主張するような一群の人びとである、といっておく。

身分は〔つぎの条件をつうじて成立しうる〕。すなわち、それは、

(a)第一次的には、固有の身分的生活様式、そのうちでもとくに、職業のあり方によって〔生じる〕(生活様式、わけても職業〔を基調とする〕身分)。

(b)第二次的には、それは、身分的家柄に由来する効果的な威信の主張によって、世襲カリスマ的に〔生じてくる〕(血統身分)。

(c)政治的あるいは教権制的首長権力が独占〔の対象〕として身分的に専有されることからも〔生じるであろう〕(政治的とくに教権制的身分)。

血統身分の発展は、通常、ある団体または資格ある個人による、特権の(世襲的)専有の一形態である。チャンス、とりわけ支配権を行使するチャンスの確乎とした専有は、すべて身分形成をひきおこす傾向がある。あらゆる身分形成は、首長権力や営利チャンスの独占的専有を結果する傾きがある。

営利階級が市場めあての経済を基盤として発生するのに反し、身分はすぐれて、団体の需要充足が独占的・徭役納貢義務的にか封建制的にかあるいは身分制的・家産制的におこなわれるばあい、それを基盤として成立し存続する。社会構成がすぐれて身分別の原理にもとづくとき、その社会を「身分的」〔社会〕とよび、社会構成がすぐれて階級の線にそっておこなわれるばあいに、これを「階級的」〔社会〕とよぶことにしておく。「階級」のうち「社会」階級は、「身分」ともっとも近い関係にあるが、

「営利階級」は、これともっとも疎遠な関係に立つものである。身分の中核は、しばしば財産階級によって構成される。

あらゆる身分社会は、生活様式の規制をつうじて因習的に組織される。そこで、経済上非合理な消費条件がもうけられるわけであり、このようにして、独占的専有をつうじ、また、みずからの営利能力の自由な発揮を排除することをつうじて、自由な市場の形成は阻止されるのである。それについては、別に論じることとしよう。

第二部　官僚制

〔1〕 官僚制の特徴

近代官僚制に特殊な機能様式は、つぎの諸点にあらわれている。

（Ⅰ）規則、つまり法規または行政規則によって、一般的に系統づけられた明確な官庁的権限の原則が存在する。すなわち、(1)官僚制的に支配された組織の目的上必要な規則的活動が、職務上の義務として明確に分配されている。――(2)この義務を履行するのに必要な命令権力が、同じく明確に分配され、この命令権力に割りあてられた（物理的または宗教的その他の）強制手段も、規則によって明確に限定されている。――(3)かように分配された義務を規則的かつ継続的に履行し、また、それに対応する権利を行使するための計画的配慮が、一般的に規制された資格をそなえた人びとを任命するということによってなされている。

これら三つの契機は、公法的支配においては官僚制的「官庁」が存立するもといをなし、私経済的支配においては官僚制的「経営」が存立するもととなっている。この意味で、これらの制度は、政治的および宗教的共同体の領域では近代国家において、私経済の領域では資本主義のもっとも進歩した組織において、はじめて完全な発達をとげるにいたったのである。明確な権限をもった継続的官庁は、古代オリエントのそれのように、ひじょうに厖大《ぼうだい》な政治組織においても、同様にゲルマン人や蒙古人の征服国家および多数の封建的国家組織においても、通則ではなくて例外なのである。それらの諸国では、支配者は、個人的腹心、食卓仲間あるいは廷臣をつうじて、まさにもっとも重要な施策を講じるのであるが、かれらにあたえられた委任や権能は、その都度一時的につくりだされ、しかも明確に限定されてはいない。

(Ⅱ) 官職階層制および審級制の原則、つまり、上級官庁による下級官庁の監督をともないながら、官庁相互の関係が明確に系統づけられた上下関係の体系がある。——この体系は、同時に、被支配者にたいし、ある下級官庁からその上級機関に控訴するという、明確に規定された可能性を提供するものでもある。この類型が完全な発達をとげると、この官職階層制は、単一支配的に秩序づけられるようになる。階層制的審級制の原則は、国家や教会のような組織におけるのとまったく同様に、他のあらゆる官僚制的組織、たとえば、大政党の組織や私的大経営にもみいだされるのであって、それは、大政党や大経営の私的機関を「官庁」とよぼうとよぶまいと同じことである。しかしながら、「権限」の原則が完全におこなわれると、すくなくとも公務において階層制的に従属するからといって、「上級」機関が「下級」機関の業務をそのまま吸収する権能をもつということにはならない。その逆のばあいが通則なのである。だから、ひとたび設置されれば、その官職に欠員を生じたばあいでも、この官職に〔他の人員を〕再任することは、うごかしがたいこととなるのである。

（Ⅲ）近代的な職務執行は、原本あるいは草案のまま保管される書類（文書）にもとづき、また、各種の下僚や書記のスタッフにもとづいている。官庁で事務を執る官僚の全体は、それに対応する物的用具や文書の設備と合して、「役所」を形づくる（これは、私経営ではしばしば「事務所」とよばれる）。近代的官庁組織は、事務所と私宅とを原則的に切りはなす。というのは、近代的官庁組織は、一般に別個の領域として、職務活動を私生活の領域から区別し、職務上の金銭や資材と官僚の私有物とを区別するからである。これは、いずこを問わず、長期にわたる発達ののちにはじめてもたらされた状態なのである。こんにち、こうした状態は、公経営にも私経済経営にもひとしくみいだされ、しかも、私経済経営においては、指導的企業者自身にまでおよんでいる。事務所と家計、業務上の通信と私信、業務財産と私有財産は、原理的に区別されるが、それは、近代的な型の業務運営が徹底的におこなわれていればいるほど――この端緒はすでに中世にみとめられる――ますますそうである。

近代的企業者の特質としては、特殊に官僚制的な近代国家の支配者が、みずからを国家の「第一級の公僕」である、と称したのとまったく同じように、(88)企業者はみずからを自己の経営の「第一級の官僚」であるかのようにふるまう、という点を指摘できる。国家の役所仕事が、私経済的事務所活動と内面的に本質上ことなったものである、という観念は、ヨーロッパ的・大陸的であり、われわれとはちがって、アメリカ人にはまったく縁のないものである。

(Ⅳ) 職務活動、すくなくとも一切の専門的職務活動——これは近代特有のものであるが——は、通常、徹底した専門的訓練を前提としている。このこともまた、国家官僚についてとまったく同様に、私経済的経営の近代的支配人や職員についても、ますますあてはまるようになっている。

(Ⅴ) 職務が完全に発達をとげると、職務上の活動は、官僚の全労働力を要求するようになる。それは、役所における拘束労働時間の基準が明確に限定されうる、という事情をさまたげるものではない。通常のばあい、このことは、公務においても私経済的職務においても、ひとしく、長期にわたる発展の結果ようやく生まれてきたものである。これに反して、かつてはあらゆるばあいに、義務を「兼職的」に処理するというのが、常態であった。

(Ⅵ) 官僚の職務執行は、一般的な規則、つまり、多少とも明確かつ遺漏のない、習得可能な規則にしたがっておこなわれる。それだから、このような規則にかんする知識は、特別の技術論（それぞれにおうじて法律学、行政学、経営学）をなしており、官僚はそれらを身につけているわけである。

近代的職務執行が規則に拘束されるということは、きわめて深くその本質に根ざしている。そのためか、近代的な科学理論は、たとえばつぎのような考え方をするほどである。すなわち、法令によって一定のことがらを処理するという、ある官庁に法的にみとめられた権能は、その都度あたえられた個別的命令によって一定のことがらを規制する権利をその官庁にあたえるのではなく、それを抽象的に規制する権利だけをあたえるにすぎないのだ、と。――このことは、のちにみるように、たとえば、神聖な伝統によって確定されていない一切の関係を、個人的な特権と恩寵賦与とによって規制するという、家産制にとってまさしく優勢な規制様式にたいして、きわめて顕著な対照をなすものである。

〔2〕 官僚の地位

これらすべてのことは、官僚の内的および外的地位にたいし、つぎのような結果をもたらしている。

(I) 官職は「天職」である。このことはまず、多くは長期間にわたって全労働力を要求する、明確に規定された教育課程を経なければならないという資格要件のうちに、また、一般的に規定された専門試験に合格することが、任用の前提条件となっている、ということのうちにあらわれている。それはさらに、官僚の地位が義務としての性格をもつということのうちにあらわれている。こうした義務としての性格によって、官僚のおかれる諸関係の内的構造は、つぎのように決定されることになる。すなわち、ある官職を占有するということは――通常、中世において、また、しばしば近世初頭にいたるまでみられたように――法律上もまた事実上も、一定給付の履行とひきかえに着服できる金利源泉または役得源泉を所有することとなのだとみなされるのでもなければ、自由な労働契約におけるように、給付の月並な有償的交換としてとりあつかわれるのでもない。そうではなしに、職務につくことは、私経済においても、安定した生活をあたえられるのとひきかえに、特殊な職務忠誠義務をひきうけることである、とされるのである。

近代的な職務忠誠のもつ特有な性格にとって決定的なのは、純粋な型では、それが――たとえば、封建制的または家産制的支配関係におけるように――従臣または従者の忠誠にならって、ある人物にたいする関係を設定するのではなく、非人格的な没主観的目的にむけられている、という点である。もちろん、この没主観的目的の背後には、共同体において実現されたものと考えられる「文化価値理念」、すなわち、「国家」、「教会」、「自治団体」、「政党」、「経営」が存在するのがつねであって、この文化価値理念は、世俗的なあるいは超世俗的な人格的首長の代用物として、右の没主観的目的をイデオロギー的に神聖化するわけである。たとえば、政治的官僚は、すくなくとも完全な発達をとげた近代国家では、一支配者の個人的な召使いとはみなされない。

ところでまた、司教・司祭・説教師も、原始キリスト教の時代とはちがって、こんにちではもはや、事実上、純粋に人格的なカリスマのにない手ではないのである。かれらは、カリスマの超世俗的な救いの賜り物を、救いに値するとおもわれ、かつそれを求めるすべての人にたいし、超世俗的首長の個人的な委任をうけて、また、原則上は、かれにたいしてだけ責任を負って、あたえたのであった。ところが、かれらは、旧い理論が部分的に命脈をたもっているにもかかわらず、あの没主観的目的に仕える官僚となっているのであって、この目的は、こんにちの「教会」において客観化されるとともに、ふたたびイデオロギー的に神聖化されているのである。

(Ⅱ)それにもかかわらず、官僚の個人的地位は、つぎのような形をとる。

(1) 公的な官僚であろうと、私的な官僚であろうと、近代の官僚も、被支配者にくらべてとくに高い「身分的」な社会的評価をつねにえようとし、また、多くはそれを享受する。官僚の社会的地位は、位階等級の規定によって保証され、また、政治的官僚にあっては、「官僚侮辱」および国家や教会の官庁「蔑視」などにたいする特別の刑法的規定によって保証されている。すなわち、官僚の事実上の社会的地位は、つぎのばあいにもっとも高いのが普通である。旧い文化国家において専門的に訓練された行政への需要が多く、同時に、強度で安定した社会的分化がひろくおこなわれているばあい、また、社会的勢力の分配により、あるいは所定の専門教育に多額の経費がかかるために、また、官僚を拘束する身分的因習の結果として、官僚がすぐれて社会的・経済的に特権ある階層の出身者であるようなばあいに、もっとも高い。

別のところでくわしく論じるはずであるが、*官職につく資格は、教育免許状の所有とむすびつくのがつねであり、当然のことながら、教育免許状は、官僚の社会的地位における「身分的」要素を強める影響力をもっている。ちなみに、この身分的要素は、ときおり——ドイツ軍隊においてそうなのであるが——官僚コースを志願する人びとの採用が、官僚団(将校団)の成員の同意(「選挙」)に依存するという規定のうちに、明確かつ厳然と承認されている。一種のギルドにも似た官僚群の封鎖性をうながす類似の現象は、過去の家産官僚群、とくに僧禄的官僚群の基盤のうえに典型的にみとめられる。この封鎖性を別の形で復活させようとする努力は、近代的官僚支配においてもそれほどめずらしいことではけっしてなく、たとえば、ロシア革命のあいだに、いちじるしくプロレタリア化された専門官僚（「異分子」(tretyj element)）の要求のなかでも、ある役割をはたしたのである。

＊　くわしくは『経済と社会』六七五頁および『法社会学』を参照（原著編者注）。

一般に、このような官僚の社会的評価は、――新開地でしばしばみられるように――営利活動の余地が多く、社会的成層がいちじるしく不安定であるために、専門的に訓練された行政への需要も身分的因習の支配も、ともに別して微弱であるところでは、とくに低いのがつねである。合衆国においてとくにそうである。

(2)　純粋な型の官僚制的官僚は、上級機関によって任命される。被支配者にえらばれた官僚は、もはや純粋に官僚制的な人物ではないのである。もちろん、選挙が形式的におこなわれるからといって、それだけではまだ、その背後にやはり任命、国家の内部ではとりわけ党首領による任命がかくされていない、ということにはならない。そうであるかどうかは、国の法規によるのでなく、党機構の機能の仕方によってきまるのである。党機構がしっかり組織されているならば、それは、形式上は自由な選挙を、党の首領によって指名されたある候補者へのたんなる賛同に転化させることもあるけれど、普通には、形式上は自由な選挙を、一定の規則にもとづいておこなわれるとはいうものの、指名された二人の候補者のうちの一人に投票させるための闘争に転化させることができる。

だが、どんな事情のもとであろうと、被支配者の選挙によって官僚を指名するようなことでもあれば、階層制的従属の厳格さは変容をとげることになる。被支配者の選挙で任命された官僚は、審級順序のうえでかれの上位に立つ官僚にたいし、原則として独立的である。というのは、かれはその地位を「上から」ではなく、「下から」うるからであり、それほどでないにしても、官職階層制のうえで上位にある機関そのものからではなく、かれの今後の栄達をも決定する党権力者（ボス）からうるためである。かれの栄達は、行政勤務上の上司に依存しない。すくなくとも、第一義的には依存していないのである。選挙されたのではなく、首長の任命にかかる官僚は、純技術的にみると、〔選挙された官僚よりも〕いっそう精確に機能する。それは、他の事情が同じなら、純粋に専門的な見地や資格がかれの選抜や栄達を決定する公算が、いっそう大きいからである。専門家ならぬ被支配者は、ある任官候補者がどの程度専門家としての資格をもっているかを、経験をつんではじめて、つまり事後的に知りうるにすぎない。さもあるべきことながら、選挙によって各種の官僚を任命するにあたり、党が重きをおくのは、専門的見地ではなくて、もっぱら党権力者への忠勤であるのがつねである。——それは、形式上自由にえらばれた官僚が、候補者名簿の作成にさいし、党権力者によって指名されようと、みずからもえらばれた党首領によって自由な任命がおこなわれようと、同じことである。もちろん、このような対照は、相対的なものである。なぜなら、正当的君主やその臣下が官僚を任命するばあいにも、事実上同様のことがあてはまるからである。ただことなる点は、このばあいに、従者の影響力を統制することがいちだんとむずかしい、というだけにすぎない。

こんにち、合衆国でもそうであるように、専門的に訓練された行政への需要がとみにいちじるしいか、あるいはその趨勢にあるところでは、そしてまた、党員たちが知力のいちじるしく進んだ、教育のある、しかも、浮動的な「世論」を勘定にいれなければならないところでは（このような世論は、もとより合衆国においても、都市における移住者の分子が「選挙弥次」のはたらきをするところでは、こんにちどこにも存在しないのだが）——不適格な官僚を任用すると〔現在政権を掌握する〕与党のうえに〔つぎの〕選挙でその報いがはねかえってくる。いうまでもなくこのことは、官僚が党首領によって任命されるばあい、とくにいちじるしい。それゆえに、行政長だけでなく、それに従属する官僚の公選は、官僚の階層制的従属を弱めるばかりではなしに、官僚の専門資格と官僚制機構の精確な機能作用をも大いに危うくするのがつねである。このことは、すくなくとも大規模で監督のゆきとどかない行政体にあてはまる。合衆国において、公選された判事に比して、大統領の任命にかかる連邦裁判所判事の卓越した資格と廉潔とは、周知のところであった。もっとも、両種の官僚はなによりもまず、党の事情を斟酌してえらばれたのではあるが。

　これに反して、改革者たちが要求した大都市自治体行政の大変革は、アメリカではだいたいにおいてすべて、公選市長によって着手されたのであるが、これらの市長は自分たちの任命した官僚機構で――それゆえ「皇帝専断的《カエサル》」に――仕事をしたのである。技術的にみるならば、民主制からしばしば生じてくる「皇帝専断制《カエサリスムス》」が、もつ、支配組織としての能率は、一般に、大衆（軍隊または市民）の信任をうけた、自由で伝統に拘束されない受託者としての「独裁者《カエサル》」の地位にもとづいている。まさにそれゆえにこそ、かれは、みずから個人的に自由に、また伝統その他のことがらを顧慮することなしに選抜した、最適任の将校や官僚の幹部の絶対的首長であることができるのである。しかしながら、かような「個人的天才の支配」は、全面的な選任官僚制の形式上「民主的」な原理とは、矛盾するものである。

(3) 地位の終身性は、通常、すくなくとも公的な、また、それに近い官僚制的組織に存在するが、しかし、他の組織においてもしだいにその方向をたどりつつある。解約告知とか定期的な再確認がおこなわれるところでさえ、地位の終身性は、事実上の原則としては、前提されているのである。私経営においても、通常、このことは労働者とは対蹠的に職員を特徴づける。けれども、この法律上または事実上の終身性は、過去の多くの支配形態においてそうであったように、官僚の官職「保有権」とみなされるのではない。そうではなしに、恣意的な免職または転任にたいする法的保障が生まれてきたところでは——わが国で一切の司法官僚および漸次行政官僚にたいしてそうであるように——もっぱらこの法的保障は、個人的な考慮に左右されることなく、厳密に没主観的に当該の特殊な職責を完《まっと》うするのを保障する、という目的をもつのである。だから、官僚制の内部では、上の法的保障によってあたえられた「独立性」の度合いは、かようにして保障された官僚の因習的評価を高める源泉ではかならずしもない。とくに、古い文化をもち社会的に分化した共同体では、これと逆の現象がしばしばみられる。というのは、そこでは、首長の恣意のもとへの服従が厳格であればあるほど、それだけこの服従は、貴族風の因習的生活様式の維持を保障するからである。こうして、官僚の因習的評価は、あの法的保障がないからこそ高まるのであって、これは、中世において家士の評価が自由人の犠牲において高まり、国王裁判官の評価が人民裁判官の犠牲において高まったのと、まったく同様である。わが国では、将校とか行政官僚を罷免するのは、いついかなるばあいにも、「独立」の裁判官よりもはるかにたやすい。独立の裁判官は、「社交の礼法」またはサロンの社会的因習にたいしていかに重大な違反をおかそうとも、その職を賭するようなことはないのが普通である。だが、他の事情が同じなら、裁判官の「社交の資格」が、支配層の眼からみれば、上記の官僚よりも低いのは、まさにこのゆえにほかならない。将校や行政官僚は、首長への従属度が大であるからこそ、「身分相応」の生活様式にたいする保障の度合いが強いのである。

いうまでもなく、普通なみの官僚は、老後の物質的保障とならんで、恣意的な解任にたいする保障をも高めるような、「官僚法」を獲得しようとする。とはいうものの、この努力には限界がある。「官職要求権」がいちじるしく発達すると、技術的な合目的性を考慮して官職に任じたり、また、野心的な後任候補者が出世するチャンスもむずかしくなる。こうした事情や、さらにはとりわけ、社会的に下位にある被支配者に依存するよりも、むしろ同地位者に依存しようとする傾向があるために、官僚は、だいたいにおいて、「上へ」の従属をさほど苦にしないこととなりやすい。バーデンの聖職者のあいだにみられる現時の保守的運動は、国家と「教会」とがすぐにも分離されるかもしれないという不安に端を発したのであるが、それは、「教区の主人から下僕になりさがり」たくない、という願望にあきらかにもとづいていたのである。*

* 〔第一次〕世界大戦前に執筆（原著編者注）。

(4) 通例、官僚は、固定した俸給という形をとった貨幣報酬をうけ、恩給による老後の保障をうける。俸給は、原則として、賃金のように能率にもとづいて計算されるのではなく、むしろ「身分相応」に、つまり、勤務の種類（「等級」）におうじて、さらにまた、ときには、勤続年限の長さにしたがって算定される。官僚のくらしむきがわりあいに安定しているということ、ならびに報酬が社会的評価を本質とするということは、もはや植民地的営利チャンスをもたない国ぐににおいて、官職への就任希望を増加させ、そのために、官僚の俸給は、多くは比較的安く算定されうるわけである。

(5) 官僚は、より重要性がすくなく給料も安い下の地位から、上の地位にいたる「出世」をめざしている。これは、官庁の階層制的秩序に対応するものである。普通なみの官僚は、いうまでもなく昇進の条件をできるだけ機械的に固定化しようとする。よしんば〔上の〕官職への昇進とはゆかないまでも、「年功」にもとづくか、ときには専門試験制度が発達しているばあいには、専門試験の評点を考慮にいれて、〔上の〕号俸への昇進の条件を固定化しようとする。——この評点は、事実往々にして、官僚の打ち消しがたい烙印（character indelebilis）となり、生涯にわたって影響をおよぼすのである。官職要求権を強化しようとするこころみと、官僚の職業身分的発展や経済的保障への傾向の増大とむすびついて、こうした発展は、官職を教育免許状による有資格者の「秩禄」とみなす方向にすすんでゆく。専門教育免許状という、えてして副次的な指標にとらわれずに、一般的な人格的および精神的資格を考慮するという必要から、それこそ最高度に政治的な官職、とりわけ「閣僚」の地位が、原則として教育免許状にかかわりなく任命される、ということになったのであった。

〔3〕官僚制化の前提と根拠

（1）貨幣経済的・財政的前提

官職のかような近代的形態の社会的および経済的前提は、つぎのとおりである。

こんにち、あまねくみられる官僚の貨幣報酬が問題となるかぎりで、貨幣経済の発達〔が官僚制化の前提である〕。これは、官僚制の全体的特質にとって、はなはだ重要な意義をもっている。とはいえ、貨幣経済だけが官僚制の存立にとって決定的なわけではけっしてない。いくらか明瞭な発達をとげた官僚制の、量的にきわめて大規模な歴史的実例には、つぎのようなものがある。(a)いちじるしく家産制的な要素が混入しているけれども、新王国時代のエジプト、――(b)いちじるしく封建制的・家産制的要素が混入しているけれども、ローマ後期の帝政、とりわけディオクレティアヌス王朝[89]、および、それから発達してきたビザンツの国家体制、――(c)一三世紀末からしだいにその方向をたどったローマ・カトリック教会、――(d)いちじるしく家産制的・秩禄的要素が混入しているけれども、始皇帝の時代から現代にいたるまでの中国、――(e)よりいっそう純粋な形では西洋近代の国家、およびしだいにその方向をたどった、絶対君主制の発達以後のあらゆる公共的団体、――(f)近代資本主義経営、それが大きく複雑となればなるほど、ますます官僚制化の方向をたどる。

(a)から(d)までの事例は、きわめて強度に、ときには圧倒的に、官僚の実物給与にもとづいている。だが、それにもかかわらず、それらは、官僚制特有の特徴や影響の多くをしめしている。それ以後のあらゆる官僚制の歴史的範例――エジプトの新王国

――は、同時に実物経済的組織のもっとも大規模な実例のひとつでもある。この〔官僚制と実物経済との〕同時的存在は、もとより、エジプトにおいてまったく特有な条件から説明がつく。というのは、上の形態を官僚制のひとつにかぞえあげるにあたってつけ加えなければならない、ひじょうに重要な制限は、全体として、まさしくこの実物経済に起因するからである。

ある程度の貨幣経済の発達は、純粋に官僚制的な行政を創出するための正常な前提ではないとしても、それが確乎として存続するための正常な前提なのである。けだし、この貨幣経済の発達がなければ、官僚制構造がその内面的本質をはなはだしく変化させ、あるいはまったく別の構造にかわるということは、歴史の経験にてらしても、ほとんどさけられないからである。

そもそも、首長の倉廩《そうりん》における貯蔵物から、あるいはかれの経常的実物収入から、一定の実物給与をあてがうということ自体が、租税源泉やその用益を官僚が私有財産としてわがものにするようになる、第一歩を意味しがちなのである。こうした実物給与の割りあては、エジプトや中国では数千年にわたってひろくおこなわれ、ついで、ローマ後期の君主制やその他のところでも重要な役割をはたしてきた。だが、実物給与は、貨幣購買力の往々にして急激な変動から官僚を保護するものである。実物収入にあって首長権力の統制がゆるむと、どのばあいにも通則的にみられるように、物納租税に依存する収入の入りかたが不規則になると、官僚は、権能のあるなしにかかわらず、その管轄地内の納税義務者に直接たよるようになるであろう。租税、それとともに徴税権を抵当にするか譲渡し、あるいは、首長のもつ実入りがよい土地を自己利用のために貸与したりして、右の変動から官僚をまもろうという考えが生じるのは、見やすい道理である。しっかりと組織されていないすべての中央権力は、自発的にか官僚に強制されて、こうした考え方をとろうとする誘惑におちいりがちである。

そのばあい、これはつぎのようにしておこなわれうる。官僚は、一つには、〔租税を〕俸給要求額にたっするまで利用するだけで満足し、その剰余分を引き渡すか、二つには――これが、えてしておちいりやすい誘惑をふくみ、したがって、首長にとって多くは不満足な結果をもたらすので――官僚が「一定の固定額で任命される」、というふうにしておこなわれる。のちのばあいは、ドイツ官僚制の初期にしばしばおこなわれたが、東洋のあらゆる太守行政において、最大の規模でおこなわれた。つまり、官僚は所定額を引き渡し、剰余分を保有するわけである。

そのばあい官僚は、経済的には、賃借請負企業者にかなり類似した地位を占めることになる。まさしく正規の官職請負関係は、最高入札者にたいする授与という形でさえ、生じるのである。私経済的な基盤のうえでは、古典荘園制度(90)の請負関係への変形は、数ある実例のうちでも、いちばん重要なもののひとつである。このようにして首長は、とくにその実物収入を貨幣に換えるわずらわしさを、請負官僚やとくに所定の金額で任命された官僚に転嫁することができる。古代オリエントの代官の多くは、あきらかにそうであった。

首長みずから租税の徴収を管理するかわりに、租税徴収自体を請負わせることは、なににもましてこの目的に役立つのである。なかんずく、この請負いにより、首長がその財政を予算編成の体系へと組織してゆくうえに、きわめて重要な進歩の可能性が生じてくることになる。すなわち、あてにならない不時の収入でその日ぐらしをするという、国家財政のあらゆる初期の段階に典型的な生活にとってかわって、収入の、したがって支出の確乎とした予算が出現しうるのである。他方また、そのさいに、首長みずからの利益になるように担税力を統制し、これを完全に利用しつくすことは放棄される。また、官僚または官職請負人あるいは徴税請負人にまかされた、自由の度合いにおうじてことなるが、みさかいのない誅求《ちゆうきゆう》によって、担税力の永続性さえも危険にさらされる。というのは、資本家は首長ほどにはこうしたことに永続的な利害関係をもたないからである。これにたいして首長は、行政規則を制定して、自己の保身をはかろうとする。

こうして、租税の請負いまたは委任の形態は、すこぶる複雑多岐にわたるであろう。そして、被支配者の担税力を自由に搾取しようとする請負人の利害関心、あるいは担税力の永続性によせる首長の利権関心のいずれが優位を確保できるかは、首長と請負人との力関係のいかんにかかっている。右にあげた動機、すなわち、収益の変動の排除、予算編成の可能性、不経済な誅求にたいする保護をつうじての臣民の給付能力の確保、可能な最大限の獲得を目的として国家によりなされた請負人の収益の統制——これらの動機の相互的な牽引《けんいん》および反発のうえに、たとえば、プトレマイオス王朝における徴税請負制度の形成様式が、本質上もとづいている。古代ギリシアやローマのばあいと同じく、そこでは請負人はやはり私的資本家ではあるが、しかし、租税の徴収は官僚制的に執行され、国家の統制をうけている。請負人の利潤は、じっさいには、保障総額であるかれの請負総額を上まわる、なにがしかの剰余分への分け前にすぎないが、かれの危険負担は、上の総額を下まわる租税収益額にほかならないのである。

官職を官僚の私的営利源泉であるとみる純経済的な〔官職の〕解釈は、そのまま買官を招来しうるのであって、このことは、首長がたとえば戦争をおこなうとか、債務を弁済するために、経常的な収入ばかりではなく、むしろ貨幣資本をも必要とせざるをえなくなるばあいに生じてくる。買官は、まさしく近世の諸国家、つまりフランスやイギリスとひとしく教会国家においても、まったく正規の制度として存在したのであり、しかもそれは、一九世紀にいたるまで、閑職についても、同様に要職についても、たとえば、将校の辞令についてさえ残存していた。こうした事情のもつ経済的意味は、個々のばあいには、買い入れ総額が、部分的にかまたは完全に、職務忠誠にたいする保証金の性格をおびてくるまでに変化する。しかし、これは通則ではなかった。

それにしても、どのような方法をとろうと、首長自身に帰属する用益権、貢租、官職を官僚に譲渡して、これをかれらに利用させるというようなことは、いつのばあいにも、官僚制組織の純粋型を放棄することを、意味するものである。こういう状態にある官僚は、固有の官職所有権をもっている。このことは、職責と報酬とがつぎのような相互関係におかれるばあいには、ますますそうである。すなわちこのばあい、一般に官僚が自分に委ねられた物件から生じた収入を首長に引き渡さず、もっぱらただ自己の私的目的のためにだけ、これらの物件を処分し、そのかわり首長にたいしては、個人的または軍事的な、さもなければ政治的あるいは宗教的な性格をもった勤役をおこなうのである。

ともかく、物権的に確定された地租あるいは土地その他の年貢源の本質上経済的な用益権が、現実的または擬制的な職責の履行にたいする代償として終身的にあてがわれ、職責を経済的に保障するために、右の財物が首長によって永続的に指定されているばあい、われわれはこれを「秩禄」および「僧禄的」官職組織とよぶことにしたい。このような官職組織から俸給官僚制への推移は流動的である。聖職者の経済的扶持は、古代や中世においても、また近世にいたるまで、「僧禄的」であったばあいがひじょうに多いが、しかしほとんどどの時代にも、同様の形式は他の領域においてさえみられたものである。中国の礼制においては、あらゆる官職は、特有の「秩禄」的な性格をおびていたので、つぎのような結果、すなわち、父親その他の家の権威者のための儀礼上の服喪期間中は、財産の享受をつつしむよう規定がなされているために(元来これは、財産がそれにぞくするいまは亡き家長の怒りにふれるからである)、服喪者はその官職を辞めるよう強制される。この官職は、まさに僧禄的には、金利源泉とみなされたのであったから。――

経済上の権利ばかりではなく、支配権までもが、みずから行使するために〔官僚に〕授与され、反対給付として首長にたいする個人的奉仕の約定がとりかわされるようになると、それは、純粋な俸給官僚制からさらにいちだんとへだたった段階へとすすむことになる。そのさい、右の授与された支配権自体は、種々さまざまな性格をもちうる。たとえば、政治的官僚のばあい、より多く荘園領主的な性格をもつこともあるし、または、より多く官職としての性格をもつこともある。いずれのばあい、またおそらくはあとのばあいに、官僚制の組織に固有な特質は完全に破壊される。すなわちわれわれは、「封建制的」な支配組織の領分に足をふみいれるわけである。

官僚にたいし実物給付や実物用益権を、このように扶持としてあてがう一切の仕方は、官僚制機構を弛緩《しかん》させ、とりわけ階層制的従属を弱める傾向がある。このような従属は、近代的官僚規律において、もっとも厳格に発達をとげている。契約によって任用された西欧現代の官僚がしめすような精確さ、すくなくともきわめて強力な統率下における類似した精確さは、首長にたいする官僚の服従が純個人的にも絶対的な服従であったところでだけ、したがって、奴隷あるいは奴隷類似のとりあつかいをうけた被傭者による行政がおこなわれていたところでだけ、達成されるにすぎない。

古代の実物経済的諸国では、エジプトの官僚は、法律上はともかくとしても、事実上はファラオの奴隷である。ローマの大土地所有者は、すくなくとも直接の会計事務を好んで奴隷にまかせていたが、それは、拷問にかけることができたからである。中国では、竹を懲戒手段としてさかんに利用することで、同様の結果がめざされている。しかしながら、直接的な強制手段というものは、恒久的に機能をいとなむチャンスには、はなはだしくめぐまれていない。そこで、経験に徴するとき、偶然や専横にまったく左右されない出世コース、峻厳ではあるが名誉感情を重んじる規律と統制、さらには、身分的名誉感情の発達のチャンスとむすびついた貨幣給の保障と、公けに批判を加える可能性とは、官僚制機構の厳格な機械化を達成し維持するための、相対的な好条件を提供するのである。この点で、官僚制機構は、一切の法的奴隷化よりもいっそう確実に機能するわけである。しかも、官僚の強い身分意識は、みずからすすんで上司のいいなりになって、まったく無条件に服従しようとする心がまえと矛盾しないだけではなく、それは――将校にみられるように――官僚の自負心と内面的に平衡をたもつものとして、かような上司にたいする服従の結果生じたものなのである。官職のもつ純粋に「没主観的」な職業としての性格は、官僚の私生活面と公務執行面との原理的分離をともなっているが、こうした官職の性格は、規律にもとづく機構の、不動の確固さをもってあたえられた没主観的な諸条件への〔官僚の〕統合を容易にするものなのである。

このように、貨幣経済の完全な発達は、官僚制化の不可欠の前提条件ではないにしても、ある特殊に恒久的な構造としての官僚制は、やはり、それを維持するための恒久的な収入の存在という前提にむすびついている。したがって、この収入が――近代的大企業の官僚制組織におけるように――私的利潤からまかなわれず、あるいは――

荘園におけるように——固定した地租からまかなわれえないところでは、鞏固《きようこ》な租税制度が、官僚制的行政が永続的に存立するための前提条件なのである。ところで、貨幣経済の貫徹は、周知の一般的理由から、この租税制度にとって唯一の確実な基礎を提供する。だから、行政の官僚制化の度合いは、同時代のずっと大きな農業国家におけるよりも、完全な展開をとげた貨幣経済を擁する都市的国家において、比較的に顕著であったことがまれではない。ではあるが、この農業国家が整備された租税制度を発達させるにいたるやいなや、そこでは、都市国家のばあいよりもはるかに広汎に、官僚制の発達をみたのである。都市国家の広袤《こうぼう》が適度の範囲にとどまっているかぎり、金権制的・合議制的な名望家行政への傾向が、いずこにおいても、それにもっとも適合した傾向なのである。

(2) 行政事務の量的発達

というのは、行政の官僚制化をうながす本来の基盤は、古来、特殊な行政事務の発達であったのであり、しかもまず第一に、行政事務の量的発達であったからである。官僚制化の古典的な基盤は、たとえば政治の領域では、大国家と大衆政党である。

もっともこのことは、史上有名な本来の大国家組織が、いずれも官僚制的行政をともなった、などという意味においてではない。なぜならまず、かつて存した大国家組織の純時間上の存続とか、このような国家によってになわれていた文化の統一性は、国家の官僚制構造をかならずしもともなってはいなかったからである。もっとも、たとえば中国のばあいに、この両者はかなりの程度存在した。無数の黒人大帝国やそれに類した組織の存続は、なによりもまず官僚機構がなかったために、一時的であったのである。同様に、カロリンガ王国の国家的統一は、その官僚組織の崩壊とともについえさってしまった。この官僚組織は、もちろん官僚制的な性格のものではなく、すぐれて家産制的な性格をもっていたのである。これに反して、純時間的に考えるならば、本質上家産制的または僧禄的な官職組織をもった、カリフの帝国とそのアジアにおける先駆者および神聖ローマ帝国は、ほとんどまったく官僚制がなかったにもかかわらず、かなりの期間もちたえた。それらの国ぐには一般に、官僚制的国家制度によってつくりだされるのと、すくなくともほぼ同じ強さの文化的統一をしめしている。また、古代ローマ帝国は、官僚制化の増大にもかかわらず、いや官僚制化が成就されるその期間に、内部から崩壊した。官僚制とむすびついた、国家による課税負担の分配の仕方が、実物経済を助長したためである。

　とはいえ、最初にあげた右の国家組織の時間的存続は、その純粋に政治的な統一性の強度に着目するならば、おしなべて、たえず減少しつつある政治的行動能力をもった、本質上不安定で有名無実の寄木細工状のまとまりであったし、それらの国ぐににみられる比較的に大きな文化的統一性は、一部分は、西洋中世においてしだいに官僚制的色彩を強めつつあった、きわめて統一のとれた教会組織の所産なのであり、一部分は、社会構造の顕著な共通性の所産なのであった。そして、このような共通性は、これまた、かつての政治的統一の余燼《よじん》であり、変形であったのである。すなわち、この二つは、不安定な均衡状態を助長する、伝統に拘束された、文化の停滞化という現象にほかならない。両者ともきわめて強大な負担力をもっていたので、集約的な政治的統一がなかったにもかかわらず、十字軍のような大規模な膨脹のこころみでさえ、あたかも「私企業」のように遂行されえたほどである。もっとも、十字軍が失敗したり、政治的に往々非合理な経過をたどったのは、それをうしろからささえる統一的・集約的な国家権力がなかったことと関連していた。中世において、集約的な「近代的」国家組織の萌芽が、つねに官僚制的組織の発達とたずさえて出現したということ、そればかりでなく、本質上は不安定な均衡状態にもとづくあの集合体をついに粉砕したものが、官僚制的にもっとも発達をとげた政治組織であったということは、疑いもないことなのである。

古代ローマ帝国の没落は、一部分はその軍隊機構や官僚機構のほかならぬ官僚制化に、も起因していた。すなわち、この官僚制化は、国家が課税負担の分配方法を同時に遂行することによってのみ、実現されえたのであるが、この方法は実物経済の相対的意義を増大させずにはおかなかった。こういうわけで、個性的要素がつねに一役買っているのである。内外にたいする国家活動の「強度」、つまり、国外にむかっては膨脹的な衝撃力、国内においては文化におよぼす国家の影響力は、官僚制化の度合いと正比例するものと考えられる。このことは、前者のばあい「常態」であるが、例外なくあてはまるものではない。というのは、もっとも膨脹的な二つの政治的構成物であるローマ帝国と大英帝国とは、その膨脹期においてさえ、ごくわずかしか官僚制の基礎に立脚しなかったからである。この点、イギリスにおけるノルマンの国家制度は封建《レーエン》的階層秩序を基盤として、鞏固な組織を完成した。たしかに、ノルマンの国家はかなりの程度、王室会計制度（大蔵省 Exchequer）の官僚制化をつうじて、その統一性と衝撃力を獲得したのであって、この会計制度は、封建時代の他の政治組織とくらべれば、相対的に並はずれて厳格であった。

それ以後、イギリスの国家がひきつづき官僚制への大陸的発展のあとを追うことなく、名望家行政の地盤上にふみとどまったのには、ちょうどローマの共和制的行政と同じように、大陸的性格の（相対的）欠如という事情のほかにも、まだまったく個性的な前提があったのである。この前提は、こんにちのイギリスではしだいに消滅しつつあるが、相互に国境を接する大陸国家が、イギリスと同等の膨脹傾向をもつばあいに必要としたような、厖大な常備軍の必要がなかったということも、そのような特別の前提のひとつをなすものであった。このような理由から、ローマにおいても、官僚制化の歩みは、沿海国家から大陸国家への移行につれて進展したのである。とはいえ、ローマの支配構造においては、官僚制機構の技術的能率、すなわち行政機能、とくに都市の境界の外部でおこなわれる行政機能の精確さと完結性は、他のいかなる民族もこのようには知らなかったような、「政務官」の権力の厳格に軍事的な性格によっておきかえられ、「行政機能の」持続性は、元老院のこれまた独特な地位によって保障されていたのである。そして、国家権力が、内部にむかってその活動範囲をしだいに「極小化して」いったということ、つまり、直接の「国家理性」が絶対的に必要とする範囲までにとどめたということ、――この点は、イギリスのばあいと同様、ローマにおいて官僚制がなくてもこと足りた前提として忘れられてはならない。

たしかに、近世初期の大陸諸国の国家権力は、ただひたすら行政の官僚制化の道を歩んだ君主の手中に、ことごとく集中した。近代的大国家が長期間存続するにつれて、それだけますます技術的に官僚制的基礎への依存度を強めるということ、しかも、国家の規模が大きければ大きいほど、またとりわけ、それが大権力国家であるか、あるいはそうなるにしたがって、ますます無条件に官僚制に依存するということは、おのずからあきらかなところである。合衆国がいまなおおびているような、すくなくとも完全な技術的な意味では官僚制的ではない性格をもった国家制度は、対外的な摩擦面がますます大きくなり、国内においては行政の統一性への必要がいちだんと急務となるにつれて、形式的にも漸次官僚制構造に屈服せざるをえなくなる。そのうえ合衆国では、国家構造の一部分非官僚制的な形態は、事実上政治的支配をおこなう組織である政党の、ますますもって厳格の度を加えてゆく官僚制構造によって、実質上相殺されている。そこでは、政党は、組織戦術や選挙戦術の職業的専門家（professionals）の統率下におかれている。純粋に量的なものも、社会組織を官僚制化するてことしての意義をもっているが、そのもっとも際立った実例は、官僚制的色彩を強めつつある本来のあらゆる大衆政党の組織にほかならないのであって、わが国ではなかんずく社会民主党がこれにぞくし、外国ではもっとも大規模には、アメリカの「歴史的」二政党がこれにぞくしている。

（3）行政事務の質的変化

しかしながら、官僚制化の機縁をなすものは、行政事務の範囲の外延的および量的な拡大・発展であるよりも、むしろ、その内包的および質的な拡大と内部的発達なのである。そのさい、この〔官僚制化の〕発展がおこなわれる方向と、〔この発展をもたらす〕誘因は、すこぶる多種多様であろう。官僚制的国家行政の最古の国であるエジプトにおいては、書記および官僚の機構をつくりだしたのは、全土にたいし上から共同経済的に治水を規制することが、技術的・経済的に不可避であったという事情による。ついで、この機構は、初期においてさえ、軍事的に組織された大土木事業のうちに、その第二の大きな業務範囲をみいだしたのである。すでにのべたように、権力政策に起因する常備軍の創設と、それにともなう財政の発達とによって生じたいろいろの必要が、多くのばあい、官僚制化の方向にはたらいたのであった。

ところが、近代の国家では、そのほかにも文化の複雑性が増大し、それにつれて、行政一般への要求が増大してくるという事情が、同じ傾向をうながしている。すこぶる顕著な対外的膨脹、とくに海外への膨脹は、いうまでもなく名望家支配を擁する国ぐに（ローマ、イギリス、ヴェネツィア）によってもおこなわれていたが、これに反して――いずれおりにふれて指摘するように――大きな名望家国家、とくにローマやイギリスにおいては、行政の「集約度」、つまり、できるだけ多くの事業を、国家の自己経営にひきついで、これを継続的に運用し、処理するということは、官僚制的国家制度とひきくらべて、ほんのわずかしか発達していなかった。正当に解するならば、いずれのばあいにおいても、国家権力の構造は、文化にたいしひじょうに強い影響をおよぼしたのである。だが、この文化にたいする影響は、国家による経営なり国家による統制という形式では、わりあいとわずかであった。このことは、司法からはじまって教育にいたるまであてはまる。他方、この文化的要求の増大は、程度の差こそあれ、国家でもっとも有力な階層の富の増大に左右されている。だとすれば、そのかぎりにおいて、官僚制化の増大は消費的に自由に処分され、また、消費的に利用される財産の増大の函数《かんすう》であり、それによってあたえられる可能性に対応して、洗練化の度を加えつつある、外的生活形態の技術の函数なのである。このことは、一般的要求水準に反作用し、こうして種々雑多な生活要求にたいする、組織的な共同経済的および地域間の、したがって官僚制的な配慮をすることが、主観的にますます不可欠なものとなってゆくことになる。このような生活要求は、これまで知られていなかったか、私経済的にか地域的に充足されていたのである。純粋に政治的な諸契機のうちでは、あらゆる領域における秩序と保護（「警察」）にたいする、鞏固で絶対的な平和の滲透になれた社会の要求の増大が、官僚制化の方向にむかってとりわけ執拗な影響をおよぼす。骨肉の争いをたんに宗教的あるいは仲裁裁判によって統制するばあいには、個々人にたいする権利と安全の保障は、ひとえにその氏族成員の誓約扶助および復讐の義務にゆだねられているが、こうした統制から、こんにちの警察官がもっている「地上における神の名代」としての地位にいたるまでには、不断の道程が存在するわけである。

他の契機のうちでは、なにはさておき、さまざまないわゆる「社会政策的」任務が、〔官僚制化の方向に〕はたらく。近代国家は、この任務を一部は利害関係者に押しつけられてひきうけ、一部は、権力政策的な動機からであろうと、イデオロギー的な動機からであろうと、これを奪取する。これらの任務が、極度に経済的な制約をうけていることは、いうまでもない。

最後に、本質上技術的な要因のうちでは、特殊に近代的な交通手段（公共の陸路、水路、鉄道、電信等々）が、官僚制化の先導者として問題になるが、これは一部は必然的に、一部は技術上合目的的に、共同経済的に管理されうる。このばあい、それらの交通手段は、こんにちしばしば、古代オリエントにおける、たとえばメソポタミアの運河やナイル河の治水と、似かよった役割をはたしている。他方、交通手段の発達度は、官僚制的行政を可能にする唯一決定的な条件ではないにしても、やはり決定的に重要な条件なのである。エジプトにおいて、ナイル河という自然の交通路がなかったなら、ほとんど純粋に実物経済的な基礎のうえに立つ、官僚制的中央集権は、それがじっさいに到達した程度にまでたっすることは、疑いもなくできなかったであろう。近代のペルシアでは、官僚制的中央集権を促進するために、電信官僚は、地方官庁の長を経由せずに、国王のもとに諸州のあらゆる事件にかんする報告をおこなう権利を公式にみとめられており、そのうえ電信で直訴する権利が各人にゆるされていた。西欧近代国家は、電信網の統制者であり、郵便や鉄道を意のままにすることができる。それだからこそ、近代国家は、こんにちみられるような形で管理されうるのである。

これらの交通手段は、逆にまた、地域間の大量貨物運輸の発達とはなはだ密接な関係がある。こうして、この貨物運輸は、近代国家の形成の因となる付随現象の一つとなるわけである。だが、このことは、まえにもみたように、過去にたいしては、無条件にあてはまるものではない。

(4) 官僚制組織の技術的長所

官僚制組織が進出する決定的な理由は、以前から、他のあらゆる形態にくらべて、それが純技術的に卓越しているという点にあった。完全な発達をとげた官僚制機構の他のあらゆる形態にたいする関係は、ちょうど機械の非機械的財貨生産方法にたいする関係に似ている。精確さ、迅速性、明確性、文書についての精通、持続性、慎重さ、統一性、厳格な従属、摩擦の除去、物的および人的な費用の節約は、一切の合議制的または名誉職的および兼職的形態にひきかえ、訓練をつんだ個々の官僚による厳密に官僚制的な行政、とくに単一支配的行政にあっては、最適度にまで高められている。錯綜した任務にかんするかぎり、有給の官僚制的な作業のほうが、形式的には無償の名誉職的な作業よりも、いっそう精確であるばかりでなく、結果においてもしばしばいちだんと安価でさえある。名誉職的な活動は、兼職としての活動である。ただそれだけの理由からも、その機能の仕方は、普通にはいちだんと緩慢であり、規準にしばられることもすくなく、いっそう無定形である。また、それは、上にたいして独立的で断続的だから、不精確で無統一であり、さらに、下僚や事務局の機構が、ずっと不経済なやり方で調達されたり利用されたりすることがほとんどさけがたいので、それだけに、事実上ひじょうに高くつくばあいがしばしばでさえある。国庫の現金出費——もちろんこれは、官僚制的行政にあっては、別して名誉職的な名望家行政にくらべると、本質上ふえるのが普通であるが——だけではなく、時間的遅滞や精確さの不足によって、被支配者がたび重なる経済的損失をこうむるのに想いをいたすならば、このことはとくにそうである。名誉職的な名望家行政が永続的に存立する可能性は、通常、業務が「兼職で」充分に処理できるようなばあいだけにかぎられている。行政の直面する任務が質的に増大するにつれて、名望家行政の可能性は——こんにちイギリスにおいてさえ——その限界にたっするのである。他方、合議制的に組織された作業は、摩擦と遅滞の原因となり、衝突する利害や見解のあいだの妥協をもたらし、そのために、よりいっそう不精確に、上にたいしていちだんと独立的に進行し、それゆえより不統一かつ緩慢におこなわれる。プロイセン行政組織のあらゆる進歩は、官僚制的とくに単一支配的原理の進歩であったし、また、将来とてもそうであろう。

できるだけ迅速な、しかも精確で一義的で持続的な公務処理の要請は、こんにちではなによりもまず、近代資本主義的経済取り引きのがわから行政にたいしてなされている。近代資本主義的巨大企業それ自体が、通常、厳格な官僚制組織の無比の模範なのである。その商取り引きは、例外なく、作業の精確さ、恒久性、とりわけ迅速さの増大にもとづいている。このことはまた、近代的交通手段の特質によって制約されるのであるが、なかんずく新聞社の報道サービスはその最たるものである。公けの告示、経済的あるいは純政治的諸事実の伝達速度が、異常に迅速化したということ自身が、いまやそれだけで、そのときどきの状況にたいする行政の反応速度をできるだけ迅速化する方向に、不断の重圧を加えている。そうして、このような反応速度の最適の条件は、厳格な官僚制組織によってのみもたらされるのである（官僚制機構は、これまた、個々の事例に適合した〔事務〕処理をはばむような一定の障碍を生みだすことがあり、また、じっさいに生みだしているのであるが、この点については、ここではくわしくのべないでおく)。

だが、なかんずく官僚制化は、純粋に没主観的な見地から、行政における作業分割の原則を貫徹する最適度の可能性を提供するのであって、個々の作業は、専門的に訓練され、間断のない実習によってさらにいっそう自己を訓練してゆく職員にふりあてられる。「没主観的」な〔事務〕処理とは、このばあい、なによりもまず、「人柄のいかんを問わずに」、計算可能な規則にしたがって〔事務を〕処理することを意味する。ところで、「人柄のいかんを問わずに」ということは、「市場」および一切の露骨な経済的利害追求一般の合言葉でもある。官僚制支配の徹底的な貫徹は、身分的「名誉」の平準化を意味しており、したがって、市場自由の原則が同時に制限されていないときには、「階級的状況」の全般的支配を意味するのである。かような官僚制支配の帰結が、官僚制化の度合いとかならずしも併行してあらわれていないとすれば、それは、政治共同体の需要充足原理がおそらく種々さまざまでありうる、という理由によるものである。

しかしまた、「計算可能な規則」という第二の要素が、近代官僚制にとって、本来支配的な意義をもっている。近代文化の特質、とくに、その技術的・経済的下部構造の特質は、まさしく、かような効果の「計算可能性」を必要とする。完全な発達をとげた官僚制は、特殊な意味において、「憤怒も不公平もなく」(sine ira ac studio)という原則にもしたがうものである。官僚制が「非人間化」されればされるほど、それだけより完全に官僚制は、資本主義に好都合なその独特な特質を発展させることになる。ここで、より完全にというのは、官僚制が、愛や憎しみ、および一切の純個人的な、総じて非合理的な、計算できない感情的要素を、公務の処理から排除するのに成功するということなのであって、それは、官僚制の徳性として賞讃される固有の特質なのである。まことに、近代文化が複雑化と専門化の度を加えるにつれて、それは、個人的な同情、恩寵、恩恵、感謝の念に動かされる旧い秩序の首長のかわりに、人間的に中立・公平な、それゆえ厳密に「没主観的」な専門家を、それ〔近代文化〕をささえる外部的機構のために必要とするのである。

ところで、官僚制構造は、これらの一切をもっとも都合よくむすびあわせて提供してくれる。とりわけ官僚制構造こそは、通例、ローマ帝政後期にいたって、はじめて高度の技術的完成をみたような「法規」にもとづき、概念的に体系づけられた合理的な法を実施する基礎を、判決のためにつくりだすものである。中世では、この法の継受は、司法の官僚制化とあいたずさえておこなわれた。すなわち、伝統だとか非合理的な前提に拘束された旧式の判決にかわって、合理的に訓練をほどこされた専門家層が進出するのにつれておこなわれたのである。

厳密に形式的な法概念にもとづく「合理的」な判決に対立するものは、なによりもまず、神聖化された伝統の拘束をうける一種の判決である。これは、伝統をよりどころとしては一義的に決定できないような、具体的事例を、具体的な「啓示」(神託、予言者の箴言《しんげん》また神の裁き)によって解決するか(「カリスマ的」裁判)、それとも——ここでわれわれの関心をひくのは、これらのばあいだけであるが——つぎのように解決する。(1)非形式的に、具体的な倫理的その他の実践的な価値判断にしたがって解決する。(いみじくも、R・シュミット(91)が名づけたように)「カーディ裁判」が、すなわちこれである。あるいは、(2)形式的にではあるが、合理的な概念のもとに包摂することによってではなく、「類推」を援用するか、また、具体的な「判例」に依拠しつつ、これを解釈することによって解決する。「経験的裁判」が、これにほかならない。カーディ裁判には、およそ「判決理由」というものが全然ない。純粋な型の経験的裁判には、われわれが考えるような意味での合理的「判決理由」がない。カーディ裁判のもつ具体的な価値判断的性格は、一切の伝統との予言者的断絶にまで高められることもあるが、他方、経験的裁判は、技術論にまで純化され、合理化されることがある。官僚制的ではない支配形態は――別のところで論及されるように――一方では、伝統に厳重に拘束された領域と、他方では、首長の恣意的横暴と恩寵の領域との特異な共存をしめすのであるから、双方の原理の結合形態や過渡的形態は、他面において、すこぶるひんぱんにみとめられるわけである。

たとえば、イギリスでは――メンデルスゾーン(92)があきらかにしているように――裁判の広汎な基層は、こんにちでさえなお事実上、大陸ではなかなか想像できないほど高度に、「カーディ裁判」なのである。陪審の評決理由の陳述を排斥しているわが国の陪審裁判は、周知のとおり、実際上はこれとまったく同じ機能をいとなむことがまれではない。――だから、「民主的」な裁判原理が（形式的なというほどの意味で）「合理的」な判決と一致する、などと考えることは、そもそも一般につつしまなければならない。ほかのところでのべられるように、逆なのである。他方、イギリス（およびアメリカ）の最高裁判所の裁判は、なお依然として高度に経験的な、とくに判例による裁判である。イギリスにおいて、合理的な法典を編纂しようとするすべての努力が失敗におわり、同様にまた、ローマ法の継受が水泡に帰した理由は、統一的に組織された大弁護士組合の抵抗が、成果をおさめたためであった。この種の弁護士組合は、独占的な名望家層にほかならず、最高裁判所の判事たちは、この名望家層の出身者であったのである。かれらは、一種の経験的な技術論にもとづく法学教育を技術的に高度に発展させて、みずからの手中に保持し、とくに教会裁判所とか、ときには大学から発したような、合理的な法への努力にたいして、効果的に闘ったのであった。合理的な法は、かれらの社会的および物質的な地位をおびやかすからである。そのさい、ローマ法や教会法にたいする、教会の権力的地位そのものにたいする、コモン・ロウ擁立者たちの闘争は、おびただしく経済的に、つまり、かれらの役得利害によってひきおこされたのであって、そのことは、この闘争における国王の干渉の仕方がはっきりとしめしている。だが、この闘争を勝利にもちこんだかれらの権力的地位は、政治的中央集権に起因していたのである。社会的に勢力ある名望家身分は、それも主として政治的な理由から、ドイツには存在しなかった。そこには、イギリスの弁護士流に、国民的な法の運用のにない手たりえ、また、整然とした理論をもった技術論の域にまで国民的な法を発展させることができ、しかも、ローマ法の教養をそなえた法学者の技術的にすぐれた訓練の侵入にたいして抵抗をおこないえたような名望家身分は存在しなかったのである。

〔もっとも〕成立途上にある資本主義の要求にたいして実体的なローマ法がいっそう適合していたことが、ドイツにおいてローマ法の勝利を決定したのではけっしてない。——ありていにいえば、近代資本主義に特有のあらゆる法律制度は、ローマ法とはおよそ無縁であり、中世に源を発するものである。ローマ法の勝利を決定したのは、その合理的形式とわけてもつぎのような技術的必然性とであった。すなわち、実際上の訴訟事件がいちだんと複雑化し、経済がますます合理化の度を加えるにつれて、古くよりあまねく自然発生的におこなわれていた、具体的啓示とか宗教上の保証による真相調査のかわりに、合理的な証拠手続きが要求されるようになり、こうして合理的な教育をうけた――つまり、大学でローマ法の教育をうけた――専門家の手中に訴訟手続きをゆだねざるをえなくなったからである。

いうまでもなく、こうした状況は、かなりの程度経済構造の変化に由来するものであった。しかしながら、いたるところにおいて、また王権がとりわけ商人のために、合理的な証拠手続きを採用したイギリスにおいても、このような契機ははたらいたのである。それにもかかわらず、イギリスとドイツとでは、実体法の発展にちがいがあるが、その有力な理由は、すでに右のところからあきらかなように、これ〔経済的契機〕にあったのではなくて、むしろ双方の支配構造の発展の自己法則性に由来したのである。すなわち、イギリスでは中央集権的な裁判と名望家支配とが同時に存在していたのに反し、ドイツでは政治的中央集権が存在しないのに、同時に官僚制化がおこなわれていたからである。このようにして、近世において資本主義が高度に発達をとげた最初の国であるイギリスは、より低度の合理的および官僚制的司法を温存することになった。だが、イギリスにおいて資本主義が十分それでこと足りえたのは、なんといっても、近世にいたるまで、イギリスの裁判制度と訴訟手続きのあり方が、経済的弱者にたいし、広汎に裁判を拒否するのに匹敵する結果となったからにほかならない。この事実、ならびに弁護士の経済利害関係に由来する、土地所有権の譲渡に要する厖大な時間と経費は、他方で、イギリスの農業制度に甚大な影響をおよぼし、土地の集積と不動産化に有利にはたらいたのである。

ローマの判決とても、共和制の時代には、合理的・経験的要素と、それればかりか、カーディ裁判的要素との一種独特な混合物なのであった。陪審員の任命自体および元来疑いもなく、「その都度」法務官にあたえられた事実訴権[93] (actiones in factum) は、のちの種類の要素〔カーディ裁判〕をふくんでいた。「予防法学」[94]およびそれから生じてきたすべてのものは、古典的法学者の解答の慣例[95]の一部分までもふくめて、「経験的」な性格をおびていた。法学的思惟が合理的思惟へと決定的に転回する素地は、まず、法の概念化をめざした法務官の告示にもとづく方式書による訴訟訓令の技術的性質によってあたえられた（こんにちでは、実体法主義の原則が支配しており、そこでは、事実の陳述が決定的なのであって、事実がいかような法的見地から告訴を根拠づけるようにみせようと、それはどうでもよいことである。ローマ法の技術的高度文化が生みだしたような、概念範囲を一義的・形式的に整備しなければならないという強制は存在しない）。したがって、そのかぎり、国家の構造から間接的に生じたにすぎない、本質上訴訟技術的な発展要因がはたらいていたのである。だが、ローマ法の合理化が、学問的な処理にたえうるまとまった概念体系として完成されたのは、国家制度が官僚制化される時代にはいってはじめてなのであった。――この合理化こそは、オリエントやギリシア世界がつくりだした一切のものから、ローマ法をはっきりと区別するものなのである。

　合理的ではないが、しかも「合理主義的」な、伝統にきびしく拘束された経験的裁判の典型的な例は、タルムードにおけるラビ[96]の解答である。さいごに、伝統のきずなから解き放たれた純粋な「カーディ裁判」は、「……といえることあるをなんじら聞けり。――されどわれはなんじらに告ぐ」という範にならう、あらゆる予言者の判告である。カーディ（または同種の裁判官）がしめる地位の宗教的性格が強調されればされるほど、聖なる伝統の拘束をうけない領域内では、規則にしばられない、個々のケースについての判断が自由にふるまう余地は、それだけ大きくなる。たとえばチュニジアの宗教裁判所（Chara）が――ヨーロッパ人の口草をかりれば――「自由裁量」によって土地所有についての決定を下していたが、このことは、フランスの占領以来約三〇年のあいだ、資本主義の発展にとってははなはだ顕著な障碍となっていた。――支配構造における右記の比較的古い型の裁判の社会学的基礎については、別のこととの関連において学ぶことにしよう。

　ところで、「没主観性」と「専門性」とが、一般的な抽象的規範の支配とかならずしも一致しないということは、まったく真実である。このことは、近代的判決の基盤のうえでさえ、そうである。完全無欠な法という考えは、ひとも知るように、原理的にはげしい論駁をうけており、近代の裁判官を一種の自動機械とみる見解は、憤然と拒否されている。それによれば、上から記録文書と費用とをいっしょに投げこめば、裁判官が下で法の条項から機械的に読みとられた理由にそえて、判決を吐きだすような自動機械である、というのである。——これ〔右の見解が拒否されること〕はおそらく、裁判の官僚制化を徹底的におしすすめてゆくならば、疑いもなくこのような類型に近づいてゆく結果におわるかもしれないという、まさにその理由によるのであろう。裁判の領域においても、官僚制的裁判官が「個性化的」判決をおこなうように、立法者から直接に指示をうける領域が存在するのである。——そのうえ、本来の行政活動の領域——すなわち、法の創造や判決の領域にぞくさない一切の国家活動——についてさえ、個人的領域の自由と絶対権が一般に要求されがちである。それにくらべれば、一般的規範は、規則で取り締りがたい、積極的・「創造的」な官僚活動を制限するという、主として消極的な役割を果したにすぎない。この命題のもつ意義は、ここでは不問に付することとしよう。

けれどもやはり、決定的な点は、この「自由に」活動する行政（また、おそらくは司法）が、官僚制以前の諸形態のうちにみいだされるであろうように、奔放な恣意や恩寵、個人的に動機づけられた寵愛や評価の王国を形づくらないであろうということ、そうではなしに、「没主観的」な目的の支配や合理的考量ならびにそのような目的への献身が、行動の規準としてつねに存在する、ということなのである。とりわけ、国家行政の領域では、官僚の「創造的」任意をもっとも強く理想化する見解にたいして、「国家理性」という、特殊近代的な、厳密に「没主観的」な思想が、それこそ官僚の一挙手一投足の最高にして窮極の目標であるとされているのである。いうまでもなく、このばあいなによりも、おのれの国家において、（また、それをつうじ他の国家にたいしても）みずからの勢力を保持するための条件についての、官僚制の確実な本能が、この抽象的で「没主観的」な理念の神聖視と不可分に融合している。それ自体としてはけっして一義的ではない右の理想に、多くのばあいわずかに具体的に利用できるような内容をあたえるだけであり、いかがわしいばあいには、決定をあたえるにすぎないのは、けっきょくのところ、こうした官僚制に固有の勢力関心にほかならないのである。ここでは、この点を、これ以上くわしく論じることはできない。ただわれわれにとって決定的な点は、原理的にいって、真に官僚制的な行政のいかなる行為の背後にも、合理的に論争の余地ある「理由」の体系、すなわち、一つには規範のもとへの包摂と、二つには目的および手段の考量のいずれかがかくされている、ということなのである。

ここでも、あらゆる「民主的」潮流、つまりこのばあい、「支配」の極小化をめざす潮流は、中途半端な状態とならざるをえない。「権利の平等」と恣意にたいする法的保証への要求とは、旧時の家産制支配の寵愛に発する、個人的な自由裁量とは対蹠的に、行政の形式的・合理的な「没主観性」を要求する。しかしながら、もしも「エートス」が、ある個々の問題で大衆の心をとらえるならば、エートス――われわれは他の本能をまったく度外視したい――のもつ、具体的なケースと具体的な人物に志向した実質的「正義」への要請は、官僚制的行政の形式主義および規則にしばられた冷酷な「没主観性」と不可避的に衝突し、さらにこのような理由から、合理的に要求されてきたものを感情的に拒否せざるをえないことになるのである。

「ブルジョア的」利害関心が要求するような、形式的な「権利の平等」や「計算可能」な司法と行政などは、とりわけ無産大衆にとっては無用の長物である。いうまでもなく、かれらにとって、法と行政は、有産者にたいする〔かれらの〕経済的および社会的な生活チャンスを均衡化するのに役立たなければならない。しかも、法と行政とがおびただしく非形式な、というのは、内容のうえで「倫理的」な（「カーディ」

的）性格をおびるばあいにかぎって、たしかにそれらはこうした機能をいとなむことができるにすぎない。各種の「人民裁判」――これは、合理的な「判決理由」と「規範」を問題にしないのが普通である――だけではなく、いわゆる「世論」にうったえて行政に強い影響をおよぼそうとする各種のこころみは、ある「絶対的」支配者の「専断裁判」がなしえたと同等に、また、事情しだいではるかに強く、司法および行政の合理的な経過をさまたげる。世論とはすなわち、大衆民主制の条件下では、非合理的な「感情」から生まれ、普通には、政党指導者や新聞によって喚起されるか操縦された共同行為にほかならない。

（5）行政手段の集中

官僚制構造は、首長の手中に物的経営手段が集中するのとあいたずさえて発達する。この物的経営手段の集中は、私的資本主義的大経営の発展のうちに周知の典型的な仕方でみられるのであって、大経営の本質的特徴はまさにその点に存している。しかし、公共団体のばあいにも、事情は同様である。官僚制的に指揮されたファラオの軍隊、ローマ共和制後期および帝政下の軍隊、とりわけ近代の軍事国家の軍隊は、農業部族の土民軍、ならびに古代都市の市民軍および初期中世都市の民兵隊、また一切の封建的軍隊にくらべると、つぎの点で特徴づけられる。すなわち、後者にあっては、軍役義務者の武装自弁と糧秣自弁とが常態であるのに、官僚制的軍隊にあっては、装備と糧秣は首長の倉庫から支給されるのである。ちょうど工業における機械の支配が、経営手段の集中を促進したのと同じように、機械戦としての現代の戦争は、この後者〔装備・糧秣など戦争経営手段の集中〕を技術的に絶対不可欠の条件とするのである。これに反し、首長によって装備をほどこされ、糧秣をあたえられた過去の官僚制的軍隊は、経済的に武装自弁の能力をもつ市民層が、社会的および経済的発展の結果、絶対的にか相対的にか減少し、こうして、市民の数をもってしてはもはや、必要な軍隊を配置するのに不充分となるにいたって、発生したばあいがほとんどである。すくなくとも相対的に、つまり、国家制度に必要な兵力の量にくらべて、〔市民の数が〕足りなくなったときに成立したのである。というのは、大領域国家の治安を永続的に維持するためにも、また、はるか遠方の、とくに海外の敵にたいして戦争を遂行するためにも必要であるような、職業的常備軍の配置を可能にしたのは、官僚制的な軍隊形式だけであったからである。特殊な軍事規律や技術的訓練も、すくなくともその近代的な水準の高さでは、官僚制的軍隊においてだけしか、完全な発展をとげえないのが、普通なのである。

軍隊の官僚制化は、歴史上、いたるところで、これまで有産者の名誉的特権をなしていた軍役奉仕を、無産者に転化するのと併行して遂行されてきた（それは、ローマ共和制後期および帝政期の将軍の軍隊や、一九世紀にいたるまでの近代的軍隊におけるように、土着の無産者であることもあるし、あるいはまた、あらゆる時代の傭兵軍におけるように、外国生まれの無産者であることもある）。そのさいつねに、人口密度が稠密《ちゅうみつ》になり、それにともなって経済的労働の強度と緊張がますにつれて、有業者層が戦争目的に仕える「ゆとりのなさ」がしだいにめだつようになるのであるが、このいたるところにはたらく理由とならんで、右の過程は、物質的および精神的な文化一般の向上とたずさえながら、典型的に進行する。いちじるしいイデオロギー的高揚期は別として、洗練された文化、とくに都市の文化をもった有産階層は、平兵士の粗野な軍務には、ほとんど向かないばかりか、する気もないのがつねである。通例また、他の事情が同じなら、農村地方の有産階層のほうが、将校稼業につく資格と性向の点で、すくなくともいっそう適している。こうしたちがいは、機械による戦争経営の可能性の増大が、指導者に「技術者」としての資格を要求するようになって、はじめて平均化される。――

戦争経営の官僚制化は、他のどのような産業とも同様に、私的資本主義の形をとることもあろう。形はごくまちまちであるが、私的資本主義による軍隊の調達と管理は、とくに西洋の傭兵軍において、一九世紀の初頭にいたるまで、つねに通例のことなのであった。三十年戦争時代には、ブランデンブルクでは兵士の多くはなお、みずからその職業の物的手段である武器、馬匹、被服の所有者であった。もっとも、国家がすでに、いわば「問屋」として、それらをほとんど供給していたのであるが。降って、プロイセンの常備軍においては、中隊長が右の物的戦争手段の所有者であったし、国家の手に経営手段が終局的に集中されるようになったのは、ようやくティルズィットの和約以後のことなのであり、これと同時にはじめて、軍服の着用が全般的に実施されるにいたったのである。軍服の着用は、それ以前には――国王から個々の部隊に一定の軍服が「貸与」されていたばあいは別として（軍服の貸与は、まず一六二〇年に親衛兵にたいしておこなわれ、ついでフリートリヒ二世の治下でたびたびおこなわれた）――かなりの程度、連隊長の恣意にまかされたままであった。だからたとえば、一方では「連隊」、他方では「大隊」といった概念は、一八世紀にはいっても、まだまったくちがった意味をもっていたのが、普通である。すなわち、後者だけが戦術上の単位であった（こんにちでは両者ともそうである）のに反し、前者は、連隊長の「企業者」的地位によって調達された、経済上の経営単位であったのである。「半官的」海戦企業（ジェノヴァの「マオナ団」[97] maonae のごとき）や軍隊調達は、かなりの官僚制構造をもった最初の私的資本主義的「巨大経営」の一つなのである。この点で、それらの「国営化」にたいする近代的匹敵物は、（はじめから国家による統制をうけた）鉄道の国営化なのである。

これとまったく同様に、他の領域でも、行政の官僚制化は、経営手段の集中とたずさえて進行する。旧時の太守や代官による行政、同じく官職請負人・官職買受人による行政、なかんずく封臣による行政は、物的経営手段を分散化する。すなわち、軍隊や下級官僚の経費をもふくめて、州の地方的必要分は、普通なによりもまず、地方の収入から支弁され、剰余分だけが国庫にはいってくるのである。授封された官僚は、まったく自腹を切って行政をおこなう。これに反して、官僚制国家は、国家の行政費総額を予算に計上し、下級機関に経常的経営手段を賦与し、下級機関がこの経営手段を利用するのを規制し統制するのである。これが行政の「経済性」にたいして意味するところは、資本主義的に集中化された大経営が意味するところと同じである。

科学上の研究や教育経営の領域でも、大学常設の「研究所」における官僚制化（ギーセン大学におけるリービッヒ(98)の実験室は、大経営としてのその最初の実例であった）は、物的経営手段への需要増大の函数である。国家から特権をあたえられた管理者の手中に物的経営手段が集中されることによって、大量の研究者や講師は、その「生産手段」から分離される。それはちょうど、資本主義的経営が労働者をその生産手段から引き離したのとまったく同じである。

官僚制は、このように疑いもなく、技術的な卓越性をもっているが、それにもかかわらず、官僚制は、いたるところで、比較的後代の発展の所産であった。そうだとすれば、それにあずかって力があったのは、まずもって一連の障碍なのであった。これらの障碍は、一定の社会的および政治的な諸条件のもとで、ようやく終局的に力を失ったのである。

(6) 社会的差別の平準化

つまり、官僚制組織は、通常、行政機能の担当にとって重要な意義をもっていた経済的および社会的差別が、すくなくとも相対的に、平準化されるということにもとづいて、支配権を獲得するにいたったわけである。官僚制組織は、同質的な小単位体の民主制的自治とは対蹠的に、とりわけ、近代の大衆民主制の不可避的な随伴現象である。このことは、なんといっても、支配行使が抽象的な規則にもとづくという、官僚制に特有な原理によっている。なぜなら、これ〔抽象的な規則にもとづく支配行使〕は、人的および物的な意味における「権利の平等」への要求から生じ、それゆえに、「特権」の忌避や「その都度」式の〔事務〕処理を原理的に拒否することから生じるからである。それはまた、官僚制成立の社会的前提条件からも生じてくる。量的に大きな社会組織の非官僚制的な行政は、すべて、既存の社会的・物質的ないし名誉上の優位が、行政機能や行政義務とむすびあわされるということに、なにほどかもとづいている。このことは、普通には、諸般の行政活動がそのにない手に賦与する地位を、直接または間接に経済的あるいは「社会的」に利用することが、行政活動を引きうけることの代償をなす、という結果をともなう。だから、官僚制化と民主制化とは、国家行政の内部では、上の諸形態にくらべて、よりいっそう「経済的」な性質をもつのが普通であるにもかかわらず、国庫の現金支出の増大を意味するわけである。ごく最近にいたるまで――すくなくとも国家会計の見地からみて――行政への要求を充足するもっとも安価な方法は、プロイセン東部では、ほとんどすべての地方行政や下級裁判権を地主に委譲することであった。イギリスにおける治安判事による行政も、これと同様である。

　大衆民主制は、行政における封建制的・家産制的および――すくなくとも意図的には――金権制的特権を一掃するのであるが、それは、在来の兼職的名望家行政のかわりに、どうしても有給の職業労働をおかざるをえない。このことは、国家的組織だけにあてはまるだけではない。まことに、民主的大衆政党が、旧保守主義政党や旧自由主義政党にあってもなおしばしば優勢をしめしていた、個人的な関係や個人的な威信にもとづく在来の名望家支配を、みずからの政党組織において完膚《かんぷ》ないまでに打破し、党職員・職業的な党書記および労働組合書記等々の指導下に、自己を官僚制的に組織するにいたったのは、けっして偶然ではないのである（ドイツでは社会民主党と農民の大衆運動、イギリスではなによりもまず、バーミンガムからはじまって七〇年代以降に組織された、グラッドストーン・チェンバーレンの政党幹部秘密会的民主制《カウクス・デモクラティー》、アメリカではジャクスン政権以降の両政党が、その例である）。政党組織の厳格化をいやおうなしに強いる選挙制度にもとづいて、厳格な政党組織をつくろうとするこころみは、党の官僚制化にたいする地方名望家グループの抵抗にあって、フランスでは何回となく水泡に帰した。党組織が厳格になるならば、そのときには党の官僚制化が、ついには不可避となり、全国津々浦々にまでひろがって、地方名望家グループの勢力は粉砕されるにちがいないからである。というのは、たとえば（すくなくとも大国家の事情のもとでは）比例代表選挙制度のように、数字計算による単純な選挙技術が進歩すれば、かならず、地域間の厳格な官僚制的政党組織が生まれ、こうしてまた、政党官僚制や規律が、地方名望家グループを排除しつつ、その支配力を増大することになるからである。

国家行政自体の内部でも、官僚制化の進行は、フランス、北アメリカ、現時のイギリスでは、あきらかに民主制の併行現象として、公然とあらわれている。もちろんそのばあい、「民主化」という名称がえてして誤解にみちびきやすいことに、たえず留意しなければならない。すなわち、組織されない大衆という意味での民衆は、比較的大きな団体においては、みずからを「支配」するのではなく、支配されるのであり、支配する行政指導者の選抜方法やかれらに影響をおよぼす度合いを変更するにすぎないのである。この影響づけの度合いとは、民衆、またはより正しくは、民衆のなかからえらばれた他の一群の人びとが、いわゆる「世論」のたすけをかりて、行政活動の内容と方向におよぼすことができるものである。ここでいおうとする意味での「民主化」は、かならずしも、当該社会組織の内部で、被支配者が支配に能動的に参与する機会の増大、ということを意味するとはかぎらない。このことは、ここで考えられた〔民主化〕過程の結果であるかもしれないけれど、かならずしもそうであるとはかぎらないのである。

むしろ、このばあいにこそ、つぎのことがはっきりと銘記されなければならない。つまり民主制という政治的概念は、被支配者の「権利の平等」から、さらに、①万人が官職につきうるように、封鎖的な「官僚身分」の発達を阻止すること、②「世論」の影響範囲をできるだけひろげるために、官僚の支配権力を極小化すること、という要請をひきだすのであり、したがって、できることなら、専門的資格にとらわれずに、選挙でいつでもリコールして、在職期間を短縮しようとつとめるのである。こうして、民主制は、みずから――名望家支配にたいするその闘争の結果として――生じた官僚制化の傾向と不可避的に衝突するようになる。それゆえ、民主化ということを解して、できるかぎり「直接的」な「民衆」支配、つまり、じっさいには民衆のそのときどきの党指導者のために、「職業官僚」の支配権力を極小化することであると考えるかぎり、「民主化」という総じて不精確な名称は、ここでは問題にならないのである。むしろ、このばあいに決定的な点は、もっぱら、官僚制的に編成された支配集団にたいする被支配集団の平準化なのであって、そのさい、支配集団のほうは、おそらく事実上も、またしばしば形式上も、まったく専制的な地位を占めることさえありうるわけである。

　ロシアでは、位階勲等（Mjeschtschitelstwo）の規制による旧地主貴族の地位の粉砕、およびそれに由来する旧貴族と奉仕貴族との融合は、官僚制化への発展における特有の中間現象であった。中国では、合格した試験の数とこうして生じた任官資格とにもとづく位階の査定は、同様のことがらを意味するものであり、理論的にはすくなくとも、さらにいちだんと厳密な帰結をしめすものである。フランスで官僚制を絶対優勢にしたのは、大革命と決定的には、ボナパルティズムであった。カトリック教会では、まず封建的中間勢力が、ついで一切の独立的地方中間勢力が排除されたが、この過程はグレゴリウス七世[99]によって開始され、トリエント公会議とヴァティカン公会議をへて、ついにはピウス十世[100]の指令によって完成されたのである。このようにして、右の中間勢力は中央聖庁の純然たる職員へと変形をとげたのであるが、この過程は、形式上完全に従属的な地位にある、助任司祭のもつ事実上の意義のたえざる増大とむすびついていたのであり、かれらの意義は、なかんずくカトリシズムの政党組織に基礎づけられていたのである。したがって、これは、官僚制の進展であると同時に、このばあいいわば「受動的」民主化の、つまり、被支配者の平準化の進展なのであった。武装自弁にもとづく名望家軍隊にかわって、官僚制的軍隊が登場してくる過程は、これまた、いたるところにおいて、封建国家または名望家的共和制にかわる絶対的軍事王制の樹立が、すべてそうであるのと同じ意味で、「受動的」民主化の過程なのである。このことは、あらゆる特殊性にもかかわらず、すでにエジプトにおける国家の発達にとってさえ、原則上はあてはまるものであった。ローマの帝政下では、属領諸州の行政の官僚制化は、たとえば税務行政の分野において、共和制下で圧倒的な優位を占めていた資本家階級の金権制の排除や、それとともにけっきょくは、古代資本主義自体の排除と平行しておこなわれたのである。

かような「民主化的」発展にさいし、ほとんどつねに、なんらかの経済的条件がいっしょにはたらいていることは、あきらかなところである。金権的、小市民的またはプロレタリア的のいずれの性質をもつかは問わず、経済的な条件に起因するあたらしい階級が発生し、正当的な性格をもとうと皇帝専断的《カエサル》な性格をもとうと、それにかかわりなく、ある政治的勢力の支援を求めるか、または、それを創出ないし復活させつつ、この政治的勢力の助けをかりて、経済的あるいは社会的利益を獲得しようとする、というようなことは、枚挙にいとまがない。しかしながら、他面では、純粋に政治的な性質をもったイニシアティヴが「上から」なされ、政治上、とくに外交上の情勢から利益をひきだす、といったばあいは、同様に可能であり、また、歴史の証明するところでもある。このばあい、所与の経済的および社会的な対立や階級的利害は、もっぱら自分自身の純粋に政治的な権力目的のための手段として利用されるにすぎなかった。また、この目的のために、それらの対立や利害は、そのほとんどつねに不安定な均衡状態をやぶられ、それらの潜在的な利害対立は闘争にまでかりたてられたのである。これらの点について、なにほどか一般的な断定を下すことは、ほとんど不可能のようである。——

経済的契機がこの過程にあずかった程度や仕方はずいぶんまちまちであるが、政治的勢力関係の影響の仕方も同様にさまざまである。古代ギリシアでは、規律ある重装歩兵による戦闘への推移、さらにまたアテーナイでは、海軍力の意義の増大は、そのときどきに軍事負担を双肩にになっていた国民階層が、政治権力を掌握するための基礎であった。ところが、ローマではすでに、同様の発展は、官職貴族の名望家支配をたんに一時的かつ表面的に動揺させたにすぎない。近代の大衆軍となると、たしかにそれはつねに、名望家勢力を打破する手段ではあったけれども、それ自体はけっして、民主化の能動的な推進力ではなく、あくまでも受動的な推進力であるにとどまった。もっともそのばあい、古代の市民軍が経済的には武装自弁にもとづいていたのに、近代の市民軍が官僚制的需要充足にもとづいていたということが、これにあずかって力がある。

官僚制構造の進出が、その「技術的」卓越性にもとづいていたということは、技術の全領域におけるのと同じように、ここでもつぎのような結果をもたらす。つまり、比較的旧い構造形態それ自身のいとなむ機能が、現存の諸要求にたいし技術的にとくに高度に適応していたところでは、官僚制構造の前進はまさにもっとも緩慢におこなわれたのである。このことは、たとえば、イギリスの名望家行政においてそうであった。この種の行政が、あらゆる国のうちでもっとも緩慢に官僚制化に屈服したし、あるいは部分的には、ようやく屈服しつつあるのは、そのためなのである。このことは、たとえば、巨額の固定資本を投じて高度の発達をとげたガス照明や蒸気鉄道が、電化にたいするまったくの新開地として開かれている地域よりも、いっそう強い電化の障碍となるのと同じ現象なのである。

〔4〕官僚制機構の永続的性格

ひとたび完全に実施されると、官僚制は、もっとも破壊困難な社会組織の一つとなる。官僚制化は、「共同行為」を合理的に組織された「結社的行為」に転移させる特定の手段である。だから、官僚制化は、支配関係を「結社化」する手段として、官僚制機構を統轄する者にとって、第一級の権力手段であったし、現にそうなのである。なぜなら、他のチャンスが同じなら、計画的に組織され統率された「結社的行為」のほうが、これに抵抗するすべての「大衆」行動とか「共同行為」にまさっているからである。行政の官僚制化が、ひとたびあますところなく貫徹されているところでは、実際上ほとんど鉄壁にちかい支配関係の形式がつくりだされている。個々の官僚は、かれがそこに編入されている機構から脱することができない。名誉職的にか兼職的に行政をつかさどる「名望家」とは対蹠的に、職業官僚は、その物質上および観念上の全存在をあげて、自己の活動に束縛される。職業官僚は――圧倒的大多数からみて――不断に運行する機構のなかで、専門的任務をゆだねられた個々の歯車であるにすぎない。かれの進路は、この機構によって本質上拘束され、指示されるのであるが、この機構は、最高幹部によって動かされ停止されるだけであって、（普通には）職業官僚のがわからこれがなされるのではない。しかも、かれは、これらすべてによってなによりもまず、この機構がひきつづき機能をいとなみ、組織的に行使された支配が存続するようにという、この機構に組み入れられた全職員の共同の利害に、しっかりとむすびあわされるのである。

さらに、被支配者はといえば、ひとたび官僚制的支配機構が存立する以上、それなしにすますこともできなければ、それをとりかえることもできない。それは、この支配機構が、専門的訓練や分業的専門化、および習熟したたくみに制御された個々の機能への確乎たる態度の計画的総合にもとづいているからである。もしも、官僚制的支配機構が活動を停止し、それとも、この活動がおびただしく阻害されるなら、その結果生じるのは、混乱にほかならないのであって、この混乱を克服するために、被支配者のあいだからそれにかわるものを即座につくりだすことは困難である。このことは、公的行政の領域にも、私経済的管理の領域にも、ひとしくあてはまる。私的資本主義の組織が、ますます官僚制的に秩序づけられ、恒久的で精確な機能をいとなむようになると、大衆の物質的運命がこのような機能に拘束される度合いは不断に増大し、そのために、こうした組織をとりのぞくことが可能であるとする考えは、ますますもって空想的となってくるのである。

　こうして、一方では「文書」、他方では官僚規律、すなわち、みずからの習熟した活動の範囲内で厳密に服従しようとする官僚の態度は、公経営においても、私経営においても、漸次あらゆる秩序の基礎となってゆくのである。だが、なににもまして〔あらゆる秩序の基礎となるものは〕――行政の文書主義が実際上いかに重要であろうとも――「規律」にほかならない。文書を全廃することによって、「既得権」の基礎と「支配」とを同時に絶滅することができるという、バクーニン主義の素朴な思想は、習熟した規範や行政規則を遵守しようとする人間の態度が、文書とは独立に存続するという事実を、なおざりにしている。敗走し潰滅した部隊の再編成や、同じように革命、恐慌その他の大破局によって破壊された行政秩序の回復は、すべて、一方では官僚、他方では被支配者のあいだにつちかわれた、右の秩序への従順な服従の態度にうったえることによって、遂行される。このうったえが成功をおさめるときには、それは、紊乱《ぶんらん》した機構にいわばふたたび「息をふきかえさせ」ることになるのである。

他方において、この機構がひとたび成立すると、客観的にはそれなしにはすましえないという事情は、この機構に固有な「非人格性」とむすびついて、つぎのことを必然的にもたらす。つまり、この機構は——人格的恭順にもとづく封建制的秩序とは対蹠的に——それを支配する術をすでに心得ているひとなら、だれのためにもはたらく労をいとわない、ということである。合理的に秩序づけられた官僚体系は、敵が領土を占領したとしても、ただ最高幹部のすげかえをおこなうだけで、あいかわらず敵の手中で、非のうちようもなく機能しつづける。というのは、こうなることが、なかんずく敵そのものをふくめて、あらゆる関与者の切実な関心事だからである。ビスマルクは、長年にわたる支配のあいだに、自主性のある一切の政治家をとりのぞくことによって、かれの閣僚を自分にたいする無条件の官僚制的従属にまでもたらしたのであったが、その後挂冠《けいかん》するにあたって、これらの閣僚たちが、あたかもこれらの手下たちの天才的な主人であり、作り主である人物がやめたのではなくて、官僚制機構のなかの任意の人物が他の人物とすげかえられてしまったかのように、いとも無頓着にまた倦《う》むことなく、依然としてその職務をおこなっているのをみて、一驚を喫せざるをえなかったのであった。フランスでは、第一帝国の時代このかた、支配者は何回となくかわったけれども、支配機構は本質的には同じままであった。いずれにせよ、近代的な通信および交通手段（電信）を意のままにしているかぎりは、この機構は、暴力によってまったくあらたな支配組織を創出するという意味での「革命」を、純技術的にも、また、徹底的に合理化しつくされたその内部構造をつうじても、ますます不可能なものにする。こうすることによって、それは――フランスが古典的な仕方で明示しているように――「革命」にかえるに「クーデター」をもってしたのである。――なぜなら、フランスでは、変革に成功したとしても、それはすべて、こうした結果〔クーデター〕におわったからである。――

〔5〕官僚制化の経済的および社会的帰結

ある社会団体、別して政治団体の官僚制組織が、それ自身広汎な経済的帰結をもたらしうるし、かつ、おおむねもたらしていることは、あきらかなところである。それはどういう帰結なのだろうか。――いうまでもなく、それは、個々のばあいの経済的および社会的な勢力の分配がどうなっているか、とくに、成立途上にある官僚制機構が占める分野がどのようなものであるかに左右され、したがって、この機構を利用する勢力がそれにどのような方向をさし示すかということに左右される。

擬装金権制的勢力分配がその結果として成立したばあいは、すこぶる多い。イギリスやとりわけアメリカにおける官僚制的政党組織の背後には、かならず党の保護者がいて、党組織に資金を調達し、それをつうじて、広汎な影響力をおよぼすことができたのである。たとえば、イギリスにおける醸造業、ドイツにおける選挙資金をもった、いわゆる重工業や同じくハンザブント[101]のような保護者層は、ひろく知られている。近世では、政治団体やわけても国家組織内部での官僚制化と社会的平準化とは、それに立ちはだかる地方的および封建的特権の粉砕とあいまって、資本主義の利害に役立ったばあいがきわめて多く、しばしば資本主義の利害と直接むすんで遂行された。このことは、絶対君主勢力と資本主義的利害との大規模な歴史的同盟においてそうであった。というのは、一般に、法律上の平準化と、名望家に支配され鞏固に編成された、地方的組織の粉砕とは、資本主義の活動範囲をひろげるのがつねだからである。

しかしながら、他面において、官僚制化は伝統的な「生業」を確保しようとする小市民的利害関心にこたえ、また、私的な利得のチャンスを制限する国家社会主義的な影響をおよぼすのであるが、このような官僚制化の影響は、歴史的に重要な種々のばあい、とくに古代において、まぎれもなくあきらかなところであり、またおそらくはわが国においても、将来そうした方向に発展する公算があるのである。ファラオ治下のエジプト、ついでヘレニズム時代、さらにローマ時代における政治組織が、すくなくとも、原理的にはひじょうに似かよっていたにもかかわらず、きわめてことなった影響をおよぼしたという事実は、他に存在する諸要素の方向いかんによって、官僚制化のもつ経済的意義が、はなはだことなったものでありうることをしめすものである。たんに官僚制組織が存在するという事実だけでは、つねになんらかの仕方で存在する、その経済的影響の具体的な方向について、まだはっきりしたことはいえないわけである。いずれにせよ、官僚制組織のおよぼす社会的影響についてはは、すくなくとも相対的に平準化する作用があるといえるにしても、そのおよぼす経済的影響については、それほどはっきりしたことはいえないのである。

しかも、この点について銘記する必要があるのは、官僚制それ自体が、純政治上ならびに純経済上、あるいはその他どのようなものであろうと、すこぶる多様な支配関心の用に供される精密機械である、ということである。だから、官僚制化と民主化とが併行してすすむ度合いも、いかにそれが典型的であろうと、誇張されてはならない。封建的支配層でさえ、事情しだいでは、右の機械をその用に供したのである。また、行政の官僚制化が身分形成と意図的にむすびつけられるか、あるいは現存する社会的勢力集団の力に強いられて、それ〔身分形成〕と混和されたりもするという可能性さえあったし、それはまた、しばしば事実となったのである。ローマの帝政において、また、形式のうえからは絶対主義的な多くの国家組織においても、そうであった。一定の身分のために官職を明文上留保する事例はひじょうに多いが、事実上の留保となるとさらに多い。

言葉の近代的な意味における社会全体の民主化は、現実上であろうと、おそらくはたんに形式上であろうと、たしかに、官僚制化現象一般にとって、とくに有利な基盤ではあるけれども、唯一可能な基盤なのではけっしてない。まさしくこの官僚制化現象は、それが個々のばあいに占有しようとつとめる領域において、そのさまたげとなる権力を平準化しようとするだけなのである。「民主制」そのものが、不可避的に官僚制化を促進するにもかかわらず、官僚制化の促進を望んでいるわけではないので、それは官僚制の「支配」の敵対者であるということ、また、かようなものとして、ときには官僚制組織にたいするはなはだ顕著な突破口と障碍物とをつくりだすということ、——このことはきわめて注目すべき事実であって、すでにわれわれも何回かこの事実に遭遇したのであるが、これからもさらにくりかえし検討しなければならない。かように、個々の歴史的事例は、まさしく、そこで官僚制化がどのような特別の方向をたどって経過するか、ということを目安にして考察する必要がある。——

〔6〕官僚制の権力的地位

近代国家の官僚制化はいたるところで進行するが、そのさい、ほかならぬ近代国家が例外なく、国家体制の内部における官僚制の勢力を全般的に増大させるかどうかということは、それゆえここでも未解決のままにしておこう。官僚制組織が、それを意のままにする者の手中にある、技術的に最高度の発達をとげた権力手段であるという事実だけでは、官僚制そのものが、当該社会組織の内部における官僚制の評価に、どのような重みをあたえうるかということについて、まだなんの解答もあたえたことにはならない。

また、数百万の数にまでふくれあがった官僚群の「不可欠性」が不断に増大しつつあるからといって、それだけではこの問題の決め手にはならない。それは、たとえば——プロレタリア運動の多くの代表者の見解に反して——プロレタリアが経済的に不可欠だからといって、それがそのままかれらの社会的または政治的優位の度合いを決定しないのと同様である。そうでないならば、奴隷労働がひろくおこなわれているところでは、そうした条件のもとで、自由人は労働を不名誉なものとして嫌うのが普通であるから、すくなくともそれ〔官僚やプロレタリア〕と同様に「不可欠」な奴隷群は、右の優位を占めなければならないということになろう。それだから、官僚制そのものの勢力が増大するかどうかは、このような理由から先験的に決定すべきではないのである。

利害関係者とか官僚以外の専門家を招じいれたり、あるいは逆に、専門にうとい素人の代表者をひきいれたり、地域的または地域間の決議機関あるいは中央の議会主義的決議機関、またはその他の代表的ないしは職能代表的決議機関をもうけたりすることは、それ〔官僚制化の傾向〕に直接逆行するようにみえる。こうした外見がどの程度まで真実であるかについては、くわしくは、この純粋に形式的なまた決疑論的な論議以外の章にゆずる。ここではただ一般的に、ほぼつぎのようなことがいえるだけである。

完全な発達をとげた官僚制の権力的地位は、つねに、はなはだ重要であり、正常な状態のもとでは卓絶している。官僚制に奉仕される「首長」が、「立法上の発案」や

「国民投票」および官僚罷免という武器で身をかためた「人民」であろうと、「不信任投票」の権利またはそれの事実上の決定力で武装した、より貴族制的なあるいはより「民主制的」な基礎にもとづいてえらばれた議会であろうと、または、法制上ないし事実上互選によってみずからを補充する貴族制的合議体であろうと、人民によってえらばれた大統領であろうと、世襲的な「絶対」君主または「立憲」君主であろうと、――いずれのばあいにも、行政を運営する訓練された官僚にくらべると、かれ〔首長〕はつねに、ちょうど「専門家」にたいする「ディレッタント」の状態におかれる。

どの官僚制も、職業的消息通の知識や意図を秘密にする手段によって、こうした消息通の優越性をさらに高めようとする。官僚制的行政は、その傾向からいうと、つねに公開禁止を旨とする行政なのである。官僚制は、その知識や行動を、できることならどうしても、批判の眼からおおいかくそうとする。プロイセンの教会当局は、こんにち、牧師にたいしておこなった譴責《けんせき》その他の措置が、いやしくも当の牧師からどうかして第三者にもらされるようなばあいには、懲戒処分をもって威嚇《いかく》している。というのは、このようにして、教会当局にたいする批判の可能性をまねいた責任が、かれらに負わされるからである。ペルシア王の会計吏は、予算編成術をそのまま秘伝とし、暗号を用いたものである。プロイセンの官庁統計は、一般に、権力をにぎる官僚制の意図に有害ではありえないものだけを、公表するにすぎない。

機密保持への傾向は、一定の行政領域では、その領域の没主観的性質から生じてくる。すなわち、当該支配団体の外部にたいする勢力関心が問題となるときには、つねに機密保持への傾向が生じるのであって、このことは、ある私経営の経済的競争者にたいする勢力関心であろうと、また、政治団体のばあいには、潜在的に敵対関係に立つ他国の政治団体にたいする勢力関心であろうと、それにはかかわりのないことである。外交の運営が成功をおさめなければならないとすれば、それはひじょうにかぎられた意味と度合いにおいてしか、公共的に統制された運営たりえないのである。純技術的な要素のもつ重要性がますにつれて、軍事行政は、ますますそのもっとも重要な方策の機密保持を厳守せざるをえないようになる。政党の運営もこれとことなるところはないのであって、しかも、カトリック教徒大会や党大会が外見上いかに公開性をよそおっていようとも、党の運営が官僚制化すればするほど、ますますもって機密保持の厳守が要求されることになる。商業政策は、たとえばドイツで、生産統計の秘密化を招来している。社会団体がおよそ外部にたいして戦闘態勢にあるならば、ただそれだけのことで、それは、つねに、勢力を掌握する権力者の地位を強化するという意味あいで作用するのである。

しかしながら、官僚制そのものの純粋な勢力関心は、このような純粋に没主観的に動機づけられた機密保持の領域をはるかにこえて、作用する。「職務上の機密」という概念は、官僚制独自の発明物なのであり、まさしくこの態度ほどの熱心さをもって官僚制が擁護するものは、ほかになにひとつとして存在しない。こういう態度は、右記の特殊な性質をもつ領域以外では、純粋に没主観的には通用しないのではあるが。官僚制が議会と対立するときに、それは、身についた確実な勢力本能から、議会が自己固有の手段(たとえば、いわゆる「国政調査権」)によって、利害関係者から専門知識を獲得しようとする、あらゆる企てにたいして闘争する。充分に情報をあたえられておらず、したがって無力な議会は、いうまでもなく官僚制にとっていっそう好都合である。——右記の無知が、ともかくも官僚制固有の利害と両立するかぎり、そうである。

絶対君主でさえ、また、ある意味ではほかならぬかれこそが、優越した官僚制的専門知識をまえにしては、もっとも無力である。「農奴制の廃止」にかんするフリートリヒ大王の短慮な指令は、すべて、実現途上でいわば脱線したのであるが、それは、官庁機構が、この指令を素人の一時的な思いつきであるとして、そ知らぬふりをしたためである。立憲君主が、被支配者の社会的に重要な分子と、なんとかうまく折りあっているときには、かれは、絶対君主よりもいっそう大きな影響力を、行政の経過におよぼすばあいがはなはだ多い。立憲君主のばあいには、行政にたいする批判が、すくなくとも相対的に公開的な性質をもつために、行政の経過を統制できるのであるが、絶対君主は、もっぱら官僚制自体による情報だけを唯一のたよりにしているからである。旧制度のロシアのツァーは、官僚制の意にそぐわず、その勢力関心に反するようなことは、どんなに些細なことでも、なにひとつとして、永続的にやりとおせたためしはめったになかった。独裁者であるツァーに直属する内閣は、ルロア・ボーリユウ[102]がすでにいみじくものべているように、太守たちの集合体をなしていた。かれらは、手段をえらばず個人的な陰謀をめぐらしてたがいに暗闘し、とくに間断なく浩瀚《こうかん》な「建白書」でくりかえし攻撃をしかけてきたので、これには、素人である君主は、手のほどこしようがなかった。

　立憲制への移行につれ、中央官僚制の勢力が、一人の人間に集中するようになるのは、どうしても避けられない。つまり、中央官僚制の勢力は、単一支配的な長である内閣総理大臣のもとに従属させられ、君主の手許にたっする一切のことがらは、総理大臣の手をへなければならなくなる。このために、君主は、はなはだしく官僚制の長の後見のもとにおかれるようになる。こうした事態にたいして、ウィルヘルム二世は、ビスマルクとの有名な衝突において抗争したけれども、けっきょくは、右の原理にいどんだ攻撃をすぐさま撤回せざるをえなかった。専門知識が支配するもとでは、君主の事実上の影響力が恒久性を確保できるのは、わずかに官僚制の長とのたえまない接触をつうじてだけなのであるが、この接触でさえ、官僚制の中心的最高幹部によって、計画的に操縦されているのである。それと同時に、立憲制は、議会における党首領の権力獲得意欲に対抗して、官僚制と支配者とをたがいに利害共同体へと結束させる。けれども、まさにその理由から、立憲君主が議会に支持をえないならば、かれは官僚制にたいして無力なのである。「帝国の巨頭」であるプロイセンの大臣や最高国家官僚の背叛は、一九一八年一一月のドイツにおいてもなお、一〇五六年に封建《レーエン》国家の基礎のうえで生じた経過とほぼ同じ状態に、君主をおとしいれたのであった。しかし、いずれにせよこれは例外である。というのは、官僚制的官僚にたいする君主の権力的地位は、封建国家やまた「停滞的」な家産制国家におけるよりも、やはり全体としてはずっと強力だからである。それというのも、昇進欲にもえた任官候補者はいつでもいることではあるし、君主は、不都合で気骨のある官僚にかえて、これらの任官候補者をたやすく登用することができたからである。他の事情が同じなら、経済的に独立した、いいかえれば、有産階層にぞくする官僚だけが、官職の喪失という危険を、あえて賭することができるにすぎない。つまり、無産階層からの後継補充は、いまもむかしも、首長の勢力を増大させるわけである。君主は、社会的に勢力のある階層に所属する官僚を、自己人格の支柱としてたよりにしなければならないとおもっているが、しかも、この官僚こそは、君主の意志をたえず実質上完全に麻痺させることができるのである（プロイセンにおける、いわゆる「運河法案叛逆者」[103]のごときが、これである）。

官僚制の専門知識に優越するものは、「経済」の領域における私経済的利害関係者たちの専門知識であるにすぎない。それというのも、経済の領域では、精確な実際的知識が、かれらにとってそのまま経済上の死活問題をなしているからである。すなわち、官庁統計のあやまりは、その責めを負うべき官僚にとって、直接の経済的結果をもたらさないのに反し、――資本主義的経営が計算上のあやまりをおかすならば、それは、この種の経営に損失という代価をはらわせ、おそらくは経営の存立自体が危くなるからである。そしてまた、権力手段としての「秘密」は、どのみち官庁の文書におけるよりも企業者の原簿において、いっそう確実に保たれる。そうだからこそ、資本主義時代において、官庁が経済生活におよぼす影響は、ごくせまい範囲にかぎられ、また、この領域における国家の施策は、ひじょうにしばしば、考えも企てもおよばなかった方向にそれてしまうか、それとも、利害関係者の卓越した専門知識によって、骨抜きにされてしまうのである。――

〔7〕 官僚制の発展段階

特殊化された専門知識が、ますますもって、官職保有者の権力的地位の基礎になってゆくので、専門知識をどのように利用しつつ、しかも専門知識のために地位を危くすることなく、みずからの首長としての地位をたもてるかということは、久しい以前から「首長」の頭痛のたねであった。だから、行政事務が質的に拡大し、こうしてまた、専門知識の不可欠性がますにつれて、つぎのような現象がきわめて典型的な仕方であらわれてくる。すなわち、首長は信用のおける個々の腹心と随時に相談するとか、または重大事態にさいし、間歇《かんけつ》的にこれらの人びとを会議に召集するといった方法によっては、もはや用をすますことができなくなり、いまや、――「宮廷外顧問官」はそれにいたる特有の過渡的現象であるが――定例的にひらかれ、合議制的に諮問し議決する機関を擁するようになる（国務顧問会議（Conseil d'Etat）、枢密院

(Privy Council)、理事会、内閣、議政府、総理衙門《そうりがもん》(104) (Tsungli-Yamen)、外務部(Weiwupu) 等々がそれにあたる)。

いうまでもないことだが、これらの合議体の地位は、それら自体が最高の行政官庁となるか、それらのほかに単一支配的な中央機関あるいはいくつかのこの種の機関が存在するかにおうじて、さらにまた、それらの手続きにおうじて、はなはだしくまちまちである。――この型が完全な発達をとげたところでは、それらの合議体は、原則的にか擬制的に、首長の司会のもとにひらかれる。――また、一切の重要案件は、その道の専門家の報告や補正報告および他の成員の理由を付した賛否の意志表示による全面的検討ののちに、決議によって処理され、しかるのちに、首長の決裁によって、この決議は裁可されるか却下されるのである。こういうわけで、この種の合議制的官庁は、ますます「ディレッタント」の度を強めてゆく支配者が、専門知識を利用しつつ、しかも同時に――この点はままみのがされることだが――専門知識がますます優勢になってゆくのにたいして、自己の保身をはかり、専門知識に対抗して自己の首長としての地位を維持しようとするところの、典型的形式なのである。支配者は、他の専門家によってある専門家を制御し、右の煩雑な手続きをつうじて事態の全貌をつかみ、自分がだれかにそそのかされて、恣意的な決定をおこなうのではない、という確証をえようとする。

このさい、しばしば、かれは自己の影響力を最大限に発揮する保証を、みずから親しく司会するということによりも、むしろ、賛否の意志表示が文書の形でかれに提出されるということに、期待するのである。フリートリヒ・ウィルヘルム一世が行政におよぼした事実上の影響力はひじょうにいちじるしかったが、かれは、厳格に合議制的に組織された閣僚会議に親臨したことはほとんど一度もなく、傍註または勅命によって上奏文に決定をあたえたのである。この決定は、内閣に所属し、首長に全人格的に付属する側近に諮問したのち、「内閣」から派遣される猟騎兵をつうじて閣僚に手渡された。内閣は、専門官僚制の憎悪や、これまた失政のばあいには被支配者たちの不信の的となったのであるが、この内閣は、プロイセンや他の国ぐににおけるのと同じように、ロシアにおいても〔支配者の〕個人的要塞として発達をとげた。専門知識や行政の「没主観化」に直面して、支配者はある程度までそこに難を避けたわけである。

さらに首長は、合議制原理をつうじ、集合的単位への専門家たちの一種の綜合をこころみる。成果のほどは一般的に確定できないけれども、こうした現象そのものは、家産制国家や封建《レーエン》国家から初期官僚制にいたるまで、種々さまざまな国家形態に共通してみられる現象である。だが、わけてもこの現象は、成立途上の絶対君主制に典型的なものである。合議制原理は、行政の「没主観性」を高めるための、もっとも強力な教育手段の一つであった。それはまた、社会的に勢力ある無官の人を招じ入れることによって、ある程度の名望家的権威や私経済的造詣を職業官僚の専門知識にむすびつけることを可能にした。合議制的機関は、およそ人格から独立して永続する組織一般という、近代的「官庁」概念を発展させるにいたった、最初の制度の一つなのであった。

行政上の要件についての専門知識が、もっぱら長期にわたる経験的な習練の結果生じたものであり、行政の諸規範が行政規則ではなく、伝統の構成要素であったというかぎりでは、右の諮問機関の適合的形態は、典型的には、長老会議にほかならなかった。この長老会議には、司祭や「長老政治家」および名望家が、しばしば参加していたのである。ところで、この機関は、はじめのあいだは、ただたんに首長の諮問にこたえるだけにとどまっていたけれども、やがては往々にして、首長から実権を奪取するまでになったのである。というのは、この種の諮問機関が、変動つねならぬ支配者にくらべて、永続的な組織であったからである。ローマの元老院やヴェネツィアの市参事会、さらには「煽動政治家」の支配によって打倒されるまでのアテーナイのアレオパゴス会が、そうであった。

しかしながら、ここで問題となっているような、合理的専門分化や専門知識の支配にもとづいて生じた団体は、さまざまな過渡的諸形態があるにもかかわらず、もとよりかような機関とは、やはり定型として峻別されなければならない。他方では、それ〔われわれが問題にしている団体〕は、近代国家にひんぱんにみられる諮問団体とも区別されるべきである。このような諮問団体は、私的利害関係者のあいだから選抜されたものであり、官僚とか元官僚とかがその中核をなすのではない。

最後にそれは、こんにちの私経済的官僚制組織（株式会社）にみいだされる合議制的統制機関（監理委員会）とも、社会学的には区別されなければならない。とはいうものの、この統制機関は、専門知識のゆえであろうと、表看板とか広告の手段であろうと、それにはかかわりなく、利害関係者以外の人びとのあいだから名望家を招聘することによって、補充されるばあいがめずらしくないのではあるが。なぜなら、通常、こうした組織は、特殊な専門知識のにない手を集めているのではなく、有力な経済的主要利害関係者、とくに企業の融資銀行そのものを糾合しているからであり、しかも、たんに諮問的な地位を占めるのではさらさらなくて、すくなくとも統制的な地位を占め、それどころか、事実上はじつにしばしば、支配的な地位を占有しているからである。むしろ、これらの統制機関は（若干無理な点がないでもないが）、家産制的ないしは封建制的政治組織内の有力な独立的受封者や官職保有者、およびその他社会的に有力な利害関係者たちの会議と比較されるべきである。たしかに、この種の会議は、ときおり行政の集約度が増大した結果として生じた「評議会」の前身ではあったが、しかし、よりひんぱんには、身分制的団体の先駆者であったのである。

右のような官僚制的な合議制原理は、中央機関から多種多様をきわめた下級機関へと、ごく一様に移されていった。冒頭にふれておいたように、地域的にまとまった、ことに都市的な単位体内では、合議制的行政（最初は選挙され、のちにはたいていすくなくとも、一部分は互選された「参事会」・「市政務会」・「地方参事会」および「参審員会」といった「合議体」による）が、名望家支配の原初的形態としてはじめから存在していた。したがって、これらの合議体は、「自治」（すなわち、官僚制的国家機関の統制下で地方的利害関係者によって行政事務を処理すること）の組織の、正常的な構成要素なのである。右にのべたヴェネツィアの市参事会や、さらにはローマの元老院といった諸例は、普通には地方的政治団体の土壌に芽ばえる名望家支配の形式を大規模な海上帝国にひき移したものである。

交通手段が発達し、行政への技術的要求が増大するにつれて、迅速かつ明確な決断の必要がとみに顕著となり、完全官僚制や単一支配へとかりたてる、すでにのべた別の動因が、圧倒的に前面にでてくるようになると、官僚制国家の内部では合議制的行政は、またしても消滅してしまう。だが、とりわけ、合議制的行政が消滅するのは、つぎのばあいである。すなわち、議会制度が発達をとげ、また、多くはそれと同時に、外部からの批判が増大し、公然たる批判の形をとるようになり、そのために、首長の利害の見地からみて、行政指導の封鎖的統一性のほうが、行政上の決断をおこなうさいの準備の徹底性にくらべ、いっそう重要な要素であるかのようにみえるにいたるやいなや、合議制的行政は消滅するのである。こうした近代的諸条件のもとで、徹底的に合理化されたフランスの専門閣僚制度および知事制度は、いたるところで旧い形態を駆逐してゆくかなりのチャンスをもっている。

おそらくこの制度は、経済的・社会的に最大の影響力をもつ階層から、利害関係者の諮問委員会を召集することによって、補強されたのではないかとおもわれる。こういうやり方は、すでにのべたとおり、ますますひんぱんとなり、また、しだいに形式的にも整備される趨勢にある。とくに、この後者〔諮問委員会〕の発展は、利害関係者の具体的な専門知識を、専門教育をうけた官僚の合理的行政に役立てようとするのであるが、疑いもなく、それは洋々たる前途をもち、官僚制の勢力をさらにいっそう強めるものである。周知のとおり、ビスマルクは、権力手段としての「国民経済会議」の計画をもちだすという手をうって、議会に対抗しようとしたのであるが、そのさいに、ビスマルク自身が、この計画を拒否する多数派にたいし――かれは、この多数派に、イギリスの議会にならった国政調査権をあたえようなどとは毛頭考えなかったであろうに――、多数派は議会勢力のために官僚制が「あまりこざかしく」なるのを防止しようとしているのだ、と非難したのであった。それはともかく、このような道程をたどるなら、将来、行政の内部において、なお利害関係者の団体そのものにいかなる地位がふりあてられるかということについては、ここでの関連で論ずべき筋合いのものではない。

国家と法とが官僚制化されるにいたってはじめて、一般に、「客観的」な法秩序とそれによって保障された個々人の「主観的」権利とを、概念的にきびしく区別する終局的可能性があたえられる。官庁相互間の関係や、官庁と「臣民」との関係にかかわる「公法」と、個々の被支配者相互間の関係を規制する「私法」との区別についても、これとまったく同様のことがいえる。このような概念的区別は、首長権力の抽象的なにない手であり、「法規範」の創造者でもある「国家」と、個々人のあらゆる個人的「権能」との概念的区分を前提としている。――こうした観念形式は、官僚制以前の支配構造、とりわけ家産制的および封建制的な支配構造の本質とは、およそ無縁のものでなければなるまい。このような観念は、都市共同体の基礎のうえで、はじめて実現可能であり、また実現されたのであった。都市共同体が定期的選挙によって、その官職保有者を任命するにいたるならば、支配、それどころか、最高の支配をも、そのときどきに行使する個々の権力保有者は、支配を「私権」として所有する者とは、もはやあきらかに同一ではなくなったからである。しかしながら、上の区別をはじめて原理的に貫徹したのは、官僚制における職務執行の完全な非人格化と法の合理的体系化とであった。

〔8〕教養と教育の「合理化」

合理的な官僚制支配構造が、純粋にそのようなものとして、また、それがどういう領域をとらえるかにはまったくかかわりなしに、進出をとげるさいに展開してくる、広汎で一般的な文化的影響については、ここで分析する余裕はない。この種の支配構造は、いうまでもなく、生活形態の「合理主義」の進出を助長するが、しかし、この合理主義という概念には、はなはだしく多種多様な内容がふくまれている。ごく一般的には、わずかにつぎのようにいえるにすぎない。つまり、合理的な「没主観性」への発展、また、「職業人」や「専門人」への発展は、すこぶる広汎多岐にわたる影響をともなっているけれども、そうした発展は、あらゆる支配が官僚制化されることによって、はなはだしく促進されるのである、と。ここではただ、この過程の比較的重要な一構成要素である、教育および教養の性質におよぼす影響を、簡単に素描するだけにとどめざるをえない。わが西洋大陸の教育施設、とくに総合大学、工科大学、商科大学、高等学校《ギムナジウム》およびその他の高等国民学校といった高等教育施設は、近代官僚制にとっていよいよ不可欠なものとなりつつある、専門試験制度をつちかうような性質の「教養」、つまり、専門的訓練への要求の、圧倒的な影響下にある。

　現代的な意味での「専門試験」は、本来の官僚制組織以外の分野にも存在したし、また、現に存在している。こんにちでは、医師や弁護士のような「自由」業についても、また、ギルド的に組織された産業においても、そうである。それはまた、官僚制化の不可欠の随伴現象なのではない。フランス、イギリス、アメリカの官僚制は、長らくのあいだ、かなりの程度あるいはまったく、専門試験なしにすませてきた。というのも、党運営における訓練や作業が、それをおぎなっていたからである。「民主制」は、それ自体が促進した官僚制化のあらゆる現象にたいするのと同様に、専門試験にたいしても中途半端な態度をとる。すなわち民主制は、一方では、名望家支配にかえて、あらゆる社会層から有資格者を「選抜」することを意味し、あるいはすくなくとも意味するようにみえる。他方では、それは、試験や教育免許状によって、特権的な「カースト」が生まれるのをおそれ、そこで、これにたいして闘いをいどむわけである。最後にまた、専門試験は、官僚制以前の時代とか、あるいはなかば官僚制的な時代にも、すでにみとめられる。「僧禄的」に組織された支配〔構造〕は専門試験の通則的な最初の歴史的拠点なのである。まず、聖職者の秩禄――イスラム的近東諸国や西洋中世におけるように――、ついで、とくに中国におけるように、世俗的な秩禄にたいする候補は、典型的な報酬をなしているのであって、そのためにこそ、人びとは勉学にいそしみ、試験をうけるのである。けれども、これらの試験は、わずか部分的にしか真の「専門的」性格をもつにすぎない。――

合理的・専門的な試験制度は、近代の完全官僚制化によってはじめて、とどまることをしらぬ展開をとげるようになる。文官制度改革[105]（civil service reform）は、漸次、専門教育と専門試験とをアメリカに導入しつつあり、また、この専門教育や専門試験は、その（ヨーロッパにおける）主要な発祥地であるドイツから、他のあらゆる国ぐにへも進出をとげつつある。行政の官僚制化がすすむにつれて、イギリスにおいても、専門教育や専門試験の意義が高まっているし、なかば家産制的な旧来の官僚制を近代的官僚制におきかえようとするこころみは、（まったく別種の旧式な試験制度のかわりに）それらを中国にもたらしたのであった。そして、資本主義が官僚制化され、専門教育をうけた技術者、事務員等々にたいする需要がふえると、専門教育や専門試験は世界中にひろまってゆくのである。

なかんずくこの発展は、専門試験をつうじて獲得された教育免許状のもつ社会的威信によって、大いに促進される。それは、教育免許状のもつ社会的威信そのものが、ふたたび経済的利益に転化されるのだから、なおさらのことである。既往において、名門の後裔であることの証明が、門地格式の同等や聖堂参事会員資格の前提であり、貴族がなお社会的に有力であったところでは、国家の官職につく資格要件でさえあった。ところが、こんにちでは、教育免許状がそれにかわるものとなるにいたっているのである。総合大学・工科大学および商科大学の卒業証書の発達、総じてあらゆる領域における教育免許状創出への要請は、役所や事務所のなかで、特権ある階層が形成されるのにあずかって力がある。教育免許状の所有は、名門と通婚する権利の要求を支持し（もちろん〔私経営の〕事務所においても、上長の娘に求婚する優先的チャンスは、免状をもっているからこそ、期待できるのである）、「社交の礼法」を墨守する上流社会の仲間に加入する権利の要求に支柱をあたえる。それはまた、能率による給料支払いのかわりに「身分」相応の報酬をうけ、確実な昇進と養老年金を求める要求をささえ、とりわけ、社会的・経済的に有利な地位を大学出の候補者のために、優先的に独占しようとする権利の主張を支持するのである。規制された教育課程や専門試験の実施を求める要望があらゆる分野で高まりつつあるとするならば、いうまでもなく、その理由は、「教育欲」が急激によびおこされたというようなことにあるのではなく、教育免許状の所有者のために一定の地位にたいする供給を制限し、その地位を〔かれらだけで〕独占しようとする努力によるのである。

こんにちでは、「試験」が、こうした独占をおこなうための普遍的な手段であり、それだからこそ、それは制止しがたい進出をとげているのである。しかも、教育免許状を獲得するのに必要な教育課程は、多大の経費と長期の無収入待命期の原因となるのだから、右の努力は、とりもなおさず、財産のために才能（「カリスマ」）を押しのけるということを意味するわけである。——なぜなら、教育免許状の「精神的」負担はつねに僅少なのであり、〔教育免許状の〕量がふえるにつれて増大するのではなく、むしろ減少するからである。かつての受封資格における騎士たるにふさわしい生活態度という資格要件のかわりに、わが国では、教育免許状を授与する大学の学生組合にあらわされる、それの現代的残滓物への参加ということが要求されるようになっているし、アングロ・サクソン諸国では、スポーツ制度やクラブ組織がそのかわりをしているのである。

他方、官僚制は、つねに、ある整備された懲戒手続きをもうけたり、下僚にたいする「上司」のまったく恣意的な処置を排除することで、一種の「官職要求権」を発達させようと努める。官僚制は、官僚のために、その地位や規則的昇進および老後の生計を保障しようとし、その点では、支配の極小化を要求する被支配者たちの「民主的」な気分の支持をうける。被支配者たちは、官僚にたいする首長の恣意的な処置がよわめられさえすれば、そこに首長権力そのものの弱体化をみてとることができる、と信じているからである。したがって、そのかぎりで、官僚制は、商人の事務所でも公務の内部でも、ちょうどまったくことなった性質をもった過去の官職保有者と同じように、ある特殊「身分制的」な発展のにない手なのである。ところで、官僚制が特殊な任務にたいして技術的に役立つためにも、この身分的特質が、それはそれなりに、利用されるのがつねであるということは、さきに言及しておいた。ところが、まさしくこの不可避的な「身分制的」性格にたいして、またもや「民主制」の〔つぎのような〕努力が反作用する。この努力というのは、任命官僚にかえるに短期在職の官僚の選挙をもってし、また、整備された懲戒手続きにかえるに国民投票による官僚罷免をもってしようとするものであり、したがって、階層制的に上位にある「首長」の恣意的な処置を、被支配者、とりわけかれらを支配する党領袖の、これまた恣意的な処置によっておきかえようとする努力にほかならない。

一定の教育や訓練の享受にもとづく社会的威信は、それ自体としては、けっして官僚主義に特有なものではない。むしろ、その反対である。ただし、他の支配構造のもとでは、この社会的威信は、本質的にことなった内容をもつ基礎にもとづいている。すなわち、封建制的・神政制的・家産制的支配構造、イギリスの名望家行政、中国古代の家産制的官僚制、古代ギリシアのいわゆる民主制の煽動政治家による支配において、これらの事例には相互にいちじるしいちがいはあるにせよ、「専門人」ではなしに——標語的に表現すれば——「教養人」が、教育の目標であったし、また、社会的評価の根柢をなしていたのである。この〔教養人という〕表現は、このばあい、まったく価値判断にかかわりなく、つぎのような意味でのみ用いられる。つまり、教育の目標は、特別の専門教育にではなく、「教養ある」ものとみなされた生活様式の特質にあった、という意味あいにおいてである。それぞれ、騎士としてまたは禁欲的に教育されたり、あるいは（中国におけるように）学芸の素養を身につけたり、もしくは（古代ギリシアにおけるように）体育・音楽的な教養を身につけたり、あるいは因習的なアングロ・サクソン流の紳士に仕上げられるというちがいはあっても、教養ある人物ということが、教育の理想であったのであり、この理想は、支配の構造ならびに支配層に所属するための社会的条件によって烙印づけられていたのであった。支配層をして支配層たらしめる資格要件は、専門知識にくわしいことに依拠したのではなくて、「文化的資質」に富むことにもとづいていたのである（このばあい、かような〔文化的資質という〕概念には、あくまでも可変的な、没価値的な意味が附与されている）。

そのさい、もちろん、軍事的・神学的・法学的専門能力は、徹底的に養成されはした。けれども、ギリシアとか中世とか中国の教育課程においては、専門的に「有用」な教育要素とはまったく別の要素が、重点をなしていたのである。教育制度の大本にかんする、現時のあらゆる議論の背後には、旧い「文化人」・対・「専門人」型の闘争が、ある決定的な箇所に伏在しているのである。この闘争は、あらゆる公的および私的支配関係の官僚制化の抑止しがたい伝播と、不断に増大する専門知識の意義とに起因しつつ、一切の身近な文化問題にまで入りこんでいるのである。——

官僚制組織が進出をとげるにあたり、それはみずからにとって必要な平準化をさまたげるような、さきにも何回か論及した、本質上否定的な障碍を克服しなければならなかった。それだけにとどまらず、すでにいくぶんかふれておいた、〔官僚制とは〕異質的な原理にもとづく行政構造の諸形態が、官僚制組織と交錯したし、また現に交錯している。ここでは、これらの諸形態の現実に存在するすべての類型について、くわしく論じるなどということは到底できない——もしもそうするとなると、とても大がかりなことになるであろう。けれども、とくに重要な若干の構造原理について、なるべく単純化された図式で、手短かに論じてみよう。それは、以下の問題だけにつきるものではないが、なおかつ、つぎのような問題提起のもとで論じることができる。すなわち、(1)〔右記の〕構造原理はどの程度まで経済的制約のもとに立つのか、あるいは別の事情、たとえば純政治的な事情によって、ないしは最後に、それらの技術的構造自体に内在する「自己法則性」によって、どの程度まで、それらのための発展のチャンスがつくりだされるのか。および、(2)はたして〔右記の〕構造原理それ自身は、特有の経済的影響をおよぼすのかどうか、もしもそうだとすれば、それは、どのような経済的影響をおよぼすものなのか。もとよりそのばあい、最初からこれらすべての組織原理が流動的であり、相互移行的であることに、留意しなければならない。それらの「純粋」型は、あくまでもたんに、分析にとってとくに価値があり、かつ不可欠の極限事例とみなされるべきである。歴史的現実はほとんどつねに混合形態をとって立ちあらわれるのであるが、それは、このような極限事例のあいだを振動してきたのであり、現になお振動しているのである。

官僚制構造は、いずこにおいても、最近の発展の結果生じたものである。この発展を古くさかのぼってゆくにともない、支配形態にとって、総じて官僚制および官僚群の欠如が、それだけ典型的となる。官僚側は「合理的」な性格をもっている。つまり、規則、目的、手段、「没主観的」非人格性が、その一挙手一投足を支配するわけである。それだから、官僚制の成立と普及とは、いたるところ、あの特別な意味で「革命的」な影響をおよぼした。その意味については、さらに論じなければならないが、それは、あたかも合理主義の前進が、総じてあらゆる領域で革命的な影響をおよぼすのがつねであった、というのと同じである。そのばあい、官僚制は、この特殊な意味での合理性をもちあわせなかった支配の構造形態を烏有に帰せしめたのである。そこで、われわれはこう問うてみよう——これらの構造形態はどのようなものであったのか、と。

訳注

（1）チャンス（Chance） これはほぼ「蓋然性」というほどの意味で用いられているが、かならずしも数学的または統計的確率とは一致しない。ウェーバーはこの用語を用いることによって、意味の解釈と明示的行為の複雑な諸事実とのあいだの、ギャップをたくみに架橋している。「チャンス」には、そのほか機会（たとえば営利機会）、権益（たとえば経済的権益）の意味もある。

（2）行政幹部（Verwaltungsstab） 団体秩序の維持または団体行為の指導に不可欠な一群の人びとで、首長または長の下に位し、通常代理権力をあたえられ、現行の団体秩序によって規定された徴標とか一定の徴標にもとづき、あるいは一定の形式において選抜される（原書、第1章第12節）。

（3）自首的な団体（autokephaler Verband） 団体の固有の秩序によって任命され、局外者による任命がおこなわれないばあいを自首的という。他首的と対置される。

（4）ルドルフ・ゾーム（Rudolf Sohm, 1841～1917） ドイツの法制史家。一八六六年以来ゲティンゲン、フライブルク、シュトラスブルク、ライプツィヒ各大学教授。不朽の名著『ローマ法提要』（一八八三年）のほか、『古代ドイツの国家と裁判所の制度』（一八七一年）および『教会法』（一八九二年）の研究で偉大な業績をのこした。

（5）ホル（Karl Holl, 1866～1926） ドイツの神学者、教会史家。一八九六年ベルリンのアカデミーに入り、ギリシア教史関係の文献整備に従事。のちにベルリン大学に招かれ、一九二四年同大学総長。近代ドイツの神学、教会史学に大きな影響をあたえた。

（6）助任司祭制（Kaplanokratie） 助任司祭とは、聖堂区が大きくなったために、主任司祭をたすける目的で常置的におかれた代理司祭。中世初期以後には、主任司祭によって任免、扶養されていたが、一九世紀初頭以降、任免権は司教の手ににぎられ、助任司祭の主任司祭にたいする独立性はつよまった。

（7）普遍教会監督職（Universalepiskopat）　教皇はカトリック教会全体の司教であり、それゆえ司教区の管理に直接干渉する権利をもつという、ヴァティカン公会議で教義化された見解ないしは教皇のかかる全教会の首長としての地位をいう。

（8）教皇不可謬説（Infallibilität）　キリストの教えの忠実な保存と不可謬の説明とをキリストから託された教皇職位担当者は、信仰または道徳の教えにおいて終局的に全教会を拘束すべき教理決定にあたり、キリストと聖霊との助力によって、謬説の宣示から完全に守られていることを意味する説。ヴァティカン公会議で教皇の不可謬性が規定された。

（9）家士（Ministerialen）　中世における国王または諸侯の家にぞくする不自由・隷属的な家臣。封建的・分権的統治組織であるドイツ王国において、諸侯の権力をおさえるために、王領の経営に使用されたもの。封建家臣とことなり、主君権力の部分的保有者ではなく、もっぱらその機関としてとどまった。もと半自由人であったが、のちにはその地位を高め、家士知行をうけて、下級の貴族（騎士身分の最下層たる不自由騎士）となった。のちに自由な騎士としての身分的・因習的生活を送るよう要求され、また特別の家士法が創出されるや、その地位は身分的に固定化・世襲化し、重要な官職を独占するにいたった。

（10）傭兵隊長（Condottieri）　一四～一五世紀のイタリアにおける傭兵軍の指揮者、調達者。この傭兵軍は数千の人員を擁すること多く、ほとんど完全に重装備をほどこされ、えてして無規律・無節操で高給料に動かされたという。傭兵隊長は戦争を独占し、自己の欲する経済的・政治的条件で軍隊を調達することができた。

（11）ここでウェーバーは、形式合理性と実質合理性とが原理的に二律背反の関係に立つという観点から、貨幣計算と実物計算とを比較・分析し、前者こそは営利企業の合理的運営に不可欠な将来の生産性の条件を予測する唯一の方法であって、いわゆる「完全社会化」論議の中心問題をなす実物計算によっては合理的解決は不可能であり、宗教的・倫理的信念とか個人的忠誠に強く左右された経済行為では、形式合理的計算のレヴェルが極度に低下するという。

(12) 被護者 (Klienten) 本来は古代ローマにおいて、上層貴族階級の保護者 (patronus) の保護のもとにおかれた下層階級の市民 (cliens) をいう。保護者によって財産や仕事の世話 (たとえば土地の貸与による耕作) をうけるかわりに、この恩恵にたいして保護者に忠誠と服従をささげ、必要なばあい (たとえば官職への立候補) にかれを支持し、戦いに従い、家の祭祀に参加した。

(13) 土着農民 (Kolonen) 後期ローマ帝国における、法的には (なかば) 自由な領民 (colonus)。すなわち、契約関係では隷民であって、世襲的に土地に繋縛され、用益とひきかえに領主にたいし年貢を納める義務を負う。土地着き小作人ともよばれる。

(14) 大宰相 (Grosswesir) ヴェズィールとは「になない手」、「支柱」というほどの意味で、オスマン・トルコの大臣・顕官の職名を指し、その最高権者が大宰相である。これは独立で政治を統轄した。

(15) オーバーホーフ制 (Oberhofsystem) 中世における最高裁判所 (およびその所在地) をオーバーホーフといい、中世ドイツの都市法によればその下した判決には慣習上最高の法的効力が帰属させられる制度となっていた。これらの都市で参審員によりなされた判例 (Schöffenbücher) はそれぞれの管轄区域のあらゆる法律上の決定および教示の源泉とされ、裁判・法律問題はすべてこれにもとづいて決定されたという。法律学者による裁判制度がこれに代わって出てきたのは一六世紀以後のことである。

(16) 専断裁判 (Kabinettsjustiz) 統治者が係争中の訴訟事件に直接干渉すること。家産制的支配構造にあっては、君主の行政官僚が同時に裁判官であるから、君主自身は社会正義とか目的合理性とか政治的観点から恣意的に裁判に干渉する権力をもつ。裁判は社会秩序の実質的原則を追求し、客観的に正しい衡平の要求を満足させるかぎりで合理的であるが、その意味合いでは非合理的である。

(17)　サルタン制（Sultanismus）　サルタン（sultân）というアラビア語は、「支配」を意味する言葉で、本来カリフの代理者として一国の世俗的支配者にあたる。回教諸国の支配者、なかんずくトルコの皇帝。

(18)　ジャーギールダール（Jagirdar）　一三世紀にさかんにおこなわれ、官僚貴族を主体とする騎兵が、行政上・軍事上の奉仕にたいし国王から現金支払いのかわりに、一定地域の生産物にたいする自己の取り分（地税）を譲渡されたのが起源であるとされる。王権に牴触しないかぎりで、その土地の行政を司り、地租を賦課し、徴収する権利を国王からみとめられていたが、その後、私有地化の傾向を生じ、ジャーギールダールの土地支配権は、国王権力から独立し、事実上世襲的所有権をもつにいたった。またこれとともに、各自軍隊をもつようになり、一種の土地領主的支配者となった。

(19)　ファラオ（Pharao）　古代エジプトのペル・オー（Per-o）、すなわち「大きな家」からきたもので、旧約聖書におけるソロモンの時代（王朝時代）にいたるまでのエジプト王の称号。

(20)　マムルーク人（Mameluken）　主としてトルコ人からなる白人奴隷で、一三世紀にジンギスカンがアジアの大半を征服し住民を奴隷としたときに、エジプトのサルタンがトルコ人を大量に購入し、これに軍事的訓練をほどこして親衛隊とした。この購入奴隷（騎兵奴隷）はやがて権力を獲得し、サルタンを暗殺して有力な支配階級となり、その支配は一二五〇年から一五一七年にいたるまでつづいた。

(21)　男子結社（Männerhaus）　ほとんどあらゆる文化段階にある多くの民族にみられる社会制度で、独身の青年男子を一定期間永続的に家族以外の一定の場所で共同生活させ、宗教的・軍事的その他の厳格な訓練をおこなうもの。したがって、メンナーハウスはかかる永続的集団生活の営まれる集会所（宿営所）のみを意味せず、Männerbund とほぼ同意義。

(22)　ベロウ（Georg von Below, 1858～1927）　ドイツの中世ことに都市制度に関する法制・経済史家。ケーニヒスベルクに生まれ、各大学教授を経て一九〇五年フライブルク大学教授。『中世のドイツ国家』（一九一四年）において、中世国家の構造を分権的私的支配となす従来の見解に反対し、中世ドイツ国家の公的国家性を力説した。

（23）ハラー（Karl Ludwig von Haller, 1768 ～ 1854）　政治的浪漫主義の流れを汲むスイスの政治学者。フランス革命の政治理論に対する反動思想家として知られている。『国家学の復興』（6巻、一八一六～三四年）はその主著。国家契約説を反駁して、国家を自然的生成物とみ、国家をもってたんに支配者の私有とみなす中世的ないわゆる家産国家観を説いた。

（24）支配団体の資金調達方式は、原書第1部第2章第36節にはなく、第38節で考察されている。これは大別して、⑴恒常的でないばあいと、⑵恒常的に編成されているばあいとにわけられる。⑴のばあい、資金の調達は、①純粋に自発的な給付（イ寄進、ロ托鉢、ハ政治的・社会的上位者にたいする贈物）か、②強請・恐嚇《きょうかく》された給付にもとづく。⑵のばあい、①経済的自己経営をおこなわずに、イ物財での公課によって貨幣経済的にか（金納租税による団体経済）、または実物経済的に調達される（実物給付による団体経済）。あるいは、ロ個人的給付の負担（実物給付）により調達される。さらに②経済的自己経営によって、イ家計的に、ロ営利経済的に調達され、最後に、⑶積極的ないし消極的特権をともなう負担をつうじ徭役納貢義務的に（負担を免ぜられる特権をイもつか、ロもたず、あるいはハ負担と特権とをもつことにより）調達される。

（25）オイコス（Oikos）　王侯・荘園領主・体僕領主などが臣民・荘民・隷農・奴隷などにたいして家計需要を割りあてるばあい、かような権威主義的・実物給付経済的に管理された支配者の大家計をオイコスという。それは厳密に徭役納貢義務的な政治団体であり、その究極の中心動機は、首長の資本主義的貨幣利得ではなく、組織的な実物による需要充足である。

（26）ウェーバーによれば、政治寄生的資本主義には三つの型がある。⑴金銭物資を戦争・革命・党派活動に融通して、政治家とか政治団体が強力によって獲得した戦利品その他の獲物の分配にあずかるチャンスに志向するもの。(2)政治権力によって保証された支配の力によって、持続的な営利のチャンスに志向するもの。(3)政治団体への非日常的物資調達によって、営利のチャンスに志向するもの。右記の型の資本主義は古代世界において全面的に顕著であったが、以後しだいにすたれた。

(27) コルベール主義（Colbertismus）　ルイ十四世の宰相コルベール（Jean Baptiste Colbert, 1619～83）が採用した極端な重商主義的保護政策・富国強兵策。フランスの極盛時代の政局を担当したかれは、紊乱《ぶんらん》した財政の大改革をおこない、商工業を保護育成して富国強兵をはかった。

(28) 勇猛戦士（Berserker）　北欧伝説で「熊の皮を着た勇猛な戦士」の意。熱狂状態にはいると超人的な力を発揮し、武器をもたずに獅子奮迅の勢いで戦場をかけめぐり、不死身であったといわれている。

(29) シャマン（Schamane）　一種の呪術的宗教であるシャマニズムの施術者。祭司・医者・巫人を兼ねた機能をいとなむ。儀礼にさいしては、種々の鳴り物を用い、麻薬によって恍惚境にはいり、神秘的予言をなすという。

(30) モルモン派の開祖（Mormonenstifter）　モルモン派は、北米合衆国の一宗派で、ジョセフ・スミス（一八〇五～四四年）はその開基。かれは、聖書の補充となるべき示顕書を発見したと称し、それにもとづいて伝道にしたがい、一八三〇年宗団を組織し、イリノイ州に一都市を建てた。

(31) クルト・アイスナー（Kurt Eisner, 1867～1919）　はじめ社会主義的ジャーナリストとして活躍したが、のちに独立社会民主党に入党し、革命運動に従事。バイエルンの首府ミュンヘンにおける叛乱（一九一八～一九年）を指導し、一九一八年一一月バイエルン共和国初代の大統領となる。ミュンヘンで暗殺された。

(32) 「野の百合」の比喩はマタイ伝第6章28節（およびルカ伝第12章27節）にある。「……何を食《くら》ひ、何を飲まんと生命《いのち》のことを思ひ煩ひ、何を著んと体のことを思ひ煩ふな。生命は糧にまさり、体は衣に勝るならずや。……野の百合は如何《いか》にして育つかを思へ、労せず、紡がざるなり。然れど我なんぢらに告ぐ、栄華を極めたるソロモンだに、その服装この花の一つにも及ばざりき。今日ありて明日、炉に投げ入れらるる野の草をも、神はかく装ひ給へば、まして汝らをや、ああ信仰うすき者よ。さらば何を食ひ、何を飲み、何を著んとて思ひ煩ふな。」(25～31節)

(33) シュテファン・ゲオルゲ (Stefan George, 1868～1933) ドイツの抒情詩人。「讃歌」(一八九〇年)、「巡礼」(一八九一年)、「アルガバル」(一八九二年)、「牧歌と讃歌」(一八九五年) など一連の詩集に漂う典雅と冷たい尊厳と神韻とにより、一躍名声を馳せ、一八九九年以後「美術草紙」を主宰した。清純孤高な予言者的精神主義を唱えた。

(34) アピス牛 (Apis-Stier) 古代エジプトのメンフィスでPtahの化身として崇められた神牛。全身黒色で、額に白い三角形の斑点と背中に鷲形の斑点があり、尾その他にも特徴があった。死後オシリス神と同じものとみなされたという。

(35) 士師 (Schofetim) 祭政一致制下のイスラエル民族を神の律法によって統治した、高僧ともいえる法官。

(36) サウル (Saul, c.1060 B.C.～c.1010 B.C.) イスラエル初代の王。前一〇三〇年頃イスラエル民族全体の軍事的統率者である王の位につき、隣邦ペリシテ人その他の圧迫に抗して王国の建設に努力した。

(37) 中間王 (interrex) 古代ローマにおいて、王が死去したばあい、臨時に一定期間 (五日間を限度とする) の任期で、元老院議員のうちから一人が任命され、新王が選ばれるまでの事務 (選挙管理をふくむ) を司るならわしがあった。中間王とは元老院議員が新王を選ぶまでの仮王をいう。

(38) ドナトゥス派 (Donatismus) 四～五世紀にかけて北アフリカでさかんであったキリスト教の一分派。極端な厳格主義をとり、僧職者の道徳的純潔を要求した。ディオクレティアヌス帝のキリスト教徒迫害以後、しだいに反ローマ的民族運動やカトリック教徒のローマ人大土地所有者にたいする下層農民の反抗などと結合して、社会革命的性格をおびるにいたった。しかし四一二年ドナトゥス派は異端として追放された。

（39）モンタヌス派（Montanismus）　二世紀以後キリスト教会がしだいに終末論的な考え方をしなくなり、世俗化したことにたいする反動として生じた、キリスト教の一派。フリュギアの予言者モンタヌスによってひきいられ、原始キリスト教の遁世的・熱狂的・予言的な要素が、厳格な禁欲生活とむすびついて、独特の仕方でふたたびよみがえったキリスト教運動。

（40）ミエストニチェストヴォ（Mjestnitschestwo）　旧時のモスクワ公国の貴族にみられる門地格式の上下の差別、すなわち高貴な血統にもとづく位階等級の秩序。それによると、自分よりも低い社会的地位にある者に奉仕してはならないものとされる。

（41）シュトゥッツ（Ulrich Stutz, 1868～1938）　ドイツの教会法学者、法制史家。バーゼル（一八九六年）、フライブルク（同年）、ボン（一九〇四年）、ベルリン（一九一七年）各大学教授。とくに中世ドイツの教会法、教会制度の研究で知られている。

（42）グル（Guru）　サンスクリット語で「師匠」、「教師」の意。ヒンズー教徒のあいだでは、宗教的教導者であって、儀式に加わる資格をもたない未成年男子などのために宗教儀礼をおこない、また青年を宗教的に訓練し教導する仕事をゆだねられていた。

（43）ザクセン宝鑑（Sachsenspiegel）　中世ドイツにおける最古の法令書。最古の法学者アイケ・フォン・レプゴウにより一二三五年以前に著された。内容は地方法の部と封建法の部にわかれる。主として私法をふくむが、東部ザクセンの慣習法を基礎にしている。私著ではあったが、法典同様の効力をみとめられ、諸地方の法令書の基礎となったばかりでなく、ザクセンや他地方の裁判所もこれを適用したという。

（44）ヘールシルト（Heerschild）　一二世紀から一四世紀における中世ドイツ封建国家の身分的階序の区別をあらわすもので、シュヴァーベン宝鑑によれば、⑴皇帝、⑵高位聖職者、⑶世俗的王侯、⑷自由領主、(5)方旗騎士（方旗を掲げて出陣しうる上級騎士で、戦闘員一〇〇人以上を有する者）、(6)平騎士、(7)他の騎士資格ある一般自由人の七つの階序に区分される。

(45) 軍旗知行（Fahnlehen）一八〇六年にいたるまでの旧ドイツ帝国において世俗的王侯に授与された知行で、皇帝の軍旗（紫赤色旗）をあたえられ、徴兵権および裁判権とむすびついていた。

(46) 諸侯連合（Fürstenkartell）これは前三三三年の中国でおこなわれた諸侯の攻守同盟、すなわち「合従」を指すと思われる。洛陽の人蘇秦は秦の強大に対抗するために、韓・魏・趙・燕・楚・斉の六国に説き、連合して秦にあたらせた。

(47) カーヤスツ（Kayasth's）ヒンドゥスタンの純官僚的書記カースト。大部分は現在のバングラデシュとインド東部の西ベンガル州に居住し、ヒンズー教を信仰する。シュードラの出であるとされる。かつては軍人階級としてグプタ時代から（課税・記帳・軍政などの）地方行政主管権の秩禄をうけていたという。

(48) コモン・ロウ（Common Law）中世イギリスの国王裁判所により「王国の慣習」として適用された法の体系。成文法にたいする慣習法として知られる。国王裁判所は全国に共通する法を創造し適用する裁判所をいい、法の創造は判例によってなされた。それゆえコモン・ロウは、慣習法というよりも判例法を意味する。

(49) ザミーンダール（Zamindar）ジャーギールダール・トゥルクダールとともにインドにおける大土地所有者であり、土地所有権をもつ。ムガール帝国初期、とくにアクバル治下で、いわゆる地税徴収請負人として、租税給付や軍役給付を請負い、これを私的に保証した領主的企業者。この種の領主支配制度はパンジャブ地方や現在のバングラデシュとインド東部の西ベンガル州にみとめられる。

(50) トゥルクダール（Tulkdar）一方では事実上の耕作者である農民とその上に立つ一人ないし一団の収益者（地所所有権者）、他方では国家権力との中間に位する一種の領主。徴税請負制と軍事秩禄および租税秩禄制より生じた。

(51) ベッカー (Carl Heinrich Becker, 1876～1933) ドイツの東洋学者および政治家。ボン(一九一三年)、ベルリン(一九一六年)の各大学に講じ、一九一九～二一年副書記官長、一九二一年一一月文部大臣に就任、イスラムに関する多くの著書のほか、教育制度改革とか国家の文教政策に関する二～三の論策がある。

(52) ボジャール (Bojaren) 旧モスクワ公国における諸侯の下にいてその諮問にあずかった身分の成員。かれらはそのかわりに土地所有をみとめられ、最高官僚にえらばれもした。ルーマニアではボジャールたちは高位の貴族をなし、広大な土地を所有していた。

(53) カリフ (Kalif) モハメッドの後継者としてイスラム教諸国に君臨する支配者またはその称号を意味する。カリフの主な義務はイスラム教の保護・監視と世俗生活の指導・統率である。

(54) タシ・ラマ (Taschi Lama) パンチェン・ラマともいう。ダライ・ラマが禅定菩薩の化身として絶対の権威をもつのに反し、タシ・ラマ(パンチェン・ラマ)は阿弥陀の化身として対立し、これにつぐ勢威をもつ副王。その勢威はチベット全土におよばず、一州にかぎられる。

(55) アイシュムネート (Aisymnet) 古代ギリシアの都市国家、とくにイオニアにおける仲裁裁判官。当時激烈をきわめた身分層、わけても党派間の闘争を調停するために選出されたもので、立法その他の点でローマのディクタトールにも比すべき無制限のカリスマ的権力をもったといわれる。

(56) ポポロ長 (capitano del popolo) 中世イタリアの都市共和国では、さまざまな勢力(司教、封建領主など)が対立抗争していたが、ポポロもその一つをなす有力な政治的・経済的団体で、この反対運動において、闘争を自己に有利に導く必要から、その尖端に一人の長をいただいた。これがポポロ長(capitanus popoli)である。かれはポポロという自己の職員と資金、軍事制度を擁した政治団体の最高役員であって、下に役員のスタッフをもち、団体成員により短期の任期(普通一年毎)で選任され、有給である。その権力は、最高執行権者（podestat）のそれに比肩される。

（57）公安委員会（Wohlfahrtsausschuss）フランス革命時の国民公会が国内治安維持の機関として一七九三年四月に設置した執行機関。メンバーは九人で、一七九三年七月から一七九四年までロベスピエールの影響下に立ち、ジャコバン党に反対する勢力の抑圧機関として、司法機関たる革命裁判所とともに猛威をふるった。

（58）カーディ裁判（Kadi-Justiz）カーディとは回教国の裁判官の意。理論上法律生活を知らないイスラムでは、かれはその聖典であるコーランにもとづき、しかもいちじるしく非合理的な動機に左右されて裁判する。

（59）ボナパルティズム（Bonapartismus）広義ではナポレオン的支配の方法と体系、狭義では市民社会の一つの過渡的支配形態。封建社会の崩壊期に成立した絶対主義と異なり、近代市民社会の基礎の上に立ち、ブルジョアジーとプロレタリアートの対立抗争を巧みに利用して成立した均衡的専制権力。中間階級的立場を偽装しつつ、プロレタリアートの革命的攻勢の防波堤として保守的役割をになった。

（60）市民王（Bürgerkönig）フランス王ルイ・フィリップ（在位一八三〇～四八年）のこと。七月革命以後民主主義的勢力が強化された結果、王の支配は人民の意志にもとづいておこなわれたので、市民王とよばれる。

（61）ヘリアイア（Heliaia）アテーナイにおける重大裁判のための法廷。公法上の訴訟を一〇〇〇人の陪審者の前に提出すべきときには、二つの陪審廷が合してヘリアイアを形成し、訴訟弁論終了後陪審者の投票によって決する。はじめは控訴院であったが、前五世紀にはたいていの民事および刑事事件をとりあつかい、一〇の法廷にわかれて公判がなされたという。

（62）治安判事による裁判（Friedensrichterjustiz）民事・刑事訴訟を示談で平和裡に処理する裁判。治安判事（justice of peace）は、イギリスでは一四世紀にエドワード三世によってもうけられ、刑事上その他の事件の予審をおこない、自治の重要機関であった。

(63) 護民官（Tribun）　古代ローマにおいて貴族と平民との長期にわたる闘争の結果、前四九四年にもうけられたもので、平民階級の利益擁護を任とする。任期は一年、停止権を行使したから、執政官と同等またはそれ以上の権力をもち、他の一切の政務官の職務執行を統御できた。

(64) 民選行政監督官（Ephoren）　古代スパルタにおける監督官庁。五人から成り、王および元老院の権力を抑制する目的で市民により選出された。任期は一年。道徳や法および官紀、したがって国内秩序の監視にあたり、しだいに司法・行政の絶対権を掌握し、外政問題の決定権をも集めるにいたった。

(65) 政務官職（Magistratur）　ローマ共和制下の最高の官職。統領を頭として、法務官、監察官、護民官、財務官にいたるヒエラルヒーをもつ。任期は各一年、市民により選任される。再選は許されない。軍事、行政、司法にわたる至上権をもち、この職権の濫用は権力分立（相互に拒否権を発動しうる）および短期の任期によって防止される仕組みになっていた。

(66) アレオパゴス会（Areopag）　アテーナイの高等法院。アレイオス・パゴスとは「アレス神の丘」の意、この丘に最古の刑事裁判所があった。ドラコン以前に、元アルコンから構成され、世論の動向とは独立に官庁の職務執行とか国家財政および宗教上のことがらを監視した。

(67) 十一人参事会（Rat der Elfen）　これは、おそらく十人参事会（Rat der Zehn）を指すものではないかとおもわれる。十人参事会は一四世紀のイタリア都市共和国の一つであるヴェネツィアにもうけられた重大犯罪、とくに政治的謀叛罪を裁断する審査委員会で、一三一〇年に設置され、しだいに永続的官庁の性格をおび、ついには都市貴族・名望家層の政治的・個人的活動の一切を監視する機関となり、いわば護民官的な権力をもち、機能をいとなんだ。

(68) アンツィアーニ（Anzianen）　ポポロ長とならんで、とくに財政を運用するために特別の機関としてもうけられた手工業ギルドの代表者。プリオーリ（priori）ともよばれる。都市の下部単位ごとに短期間の任期で選ばれ、ポポロを法廷で擁護し、市庁による政策上の決議に異議を唱え、立法に直接参加する権利を主張し、なかんずくポポロの決議にあたり協力・指導をおこなった。

(69) 宮廷外顧問官（Räte von Haus aus）一三〜一四世紀以降、ドイツの封建諸侯が、とくに内外の重大問題を議するために、時折り（自己直属の臣下でなく、主として）地方の名望家貴族とか高位聖職者を招集し、みずから司会の下にかれらの意見を聴したという。

(70) 門閥団体（Geschlechterverband）中世（とくにイタリア）諸都市では、経済的にゆとりのある者だけが市の民会に関与し、官職につく資格をみとめられていた。この数的に限られた、経済的負担にたえうる都市貴族が市参事会などの職を独占し、内外にたいして連帯的な門閥団体を構成する。

(71) メルカダンツァ（Mercadanza）ポポロは、ドイツのツンフトと同じく、企業家的または独立自営的手工業者の血盟的誓約団体であって、それにより形成された特別の団体がメルカダンツァ、ソキエタス、クレデンツァ、コンムナンツァなどとよばれる。

(72) バーデンの新憲法　バーデンはかつてのドイツの大公国。一九一八年一一月に大公は退位し、共和国が樹立された。革命後ようやくにして民主主義的・共和主義的憲法が制定された（一九一九年三月）。

(73) マックス皇帝（Kaiser Max）正しくは Maximilian II. Emanuel von Bayern（一六六二〜一七二六年）。マックス一世の孫にあたり、一六八三年ウィーンからトルコ人の囲みを解くのに大きな功を立てたといわれる。一六九二年スペイン領オランダの総督、スペイン王位継承戦役ではルイ十四世と結んだ。

(74) 議政府（Divan）ペルシア語の diwân より出た語。回教諸国、とくにペルシアまたはトルコの最高行政機関、すなわち内閣を指称する。

(75) 翰林院（Hanlin-Akademie）中国における官庁の一つ。唐朝以来名儒・学士などを召して、詔勅とか応制の文をつくらせたが、これらの有識者により構成され、天子の諮問におうじる官庁を翰林院と称した。清朝では史書の編纂・経書の侍講をも掌《つかさど》った。

（76）監察官（Zensor）　古代ローマにおける官職の一つ。主な職能としては、市民の財産・戸口を調査し、かれらの身分的地位を所得額により等級づけ、社会制度の根幹をなす道徳・風紀・言論の統制をおこない、国家財政（その他をふくむ）を管掌し、諸種の公共事業を監督する。この権能はしだいに皇帝によりうばわれた。

（77）バーク（Edmund Burke, 1729～97）　イギリスの反動的政治思想家、政治家。一七六五年代議士に当選、雄弁をもってきこえた。フランス革命の政治思想に反対し、『フランス革命の省察』（一七九〇年）において、国家はたんなる一時的取引契約以上のもので、革命や法律により改廃することのできない生きた歴史的統一体であるとする、有機体的国家観を提出した。

（78）シスマ（Schisma）　ギリシア語から来たもので「分離」「分裂」を意味し、とくにカトリック教会において、教皇にたいし服従を拒否した教会団体の分離、分裂を指す。アウグスブルク宗教和議後新旧両教徒がウニオン（Union）とリガ（Liga）にわかれて争ったのは有名である。

（79）青年自由党（Jungliberalen）　一八六六年に進歩党からわかれて成立した、自由主義的・国民主義的な立場に立つ国民自由主義の政党組織の内部に、一九〇一年以後全自由主義者を糾合する目的で結成された青年部の組織をいう。

（80）中央党（Zentrum）　旧ドイツ議会における一分派、ローマ・カトリック教会聖職者を中心とする保守的政党。議会で左翼と右翼から区別するために、議席を中央にとったところから中央党の名がでた。一八七〇年に生まれ、教会の独立を要求し、またビスマルクの政策ときびしく対立した（「文化闘争」）。

（81）パウル・ジンガー（Paul Singer, 1844～1911）　ドイツの政治家。一八八四年事業のかたわらベルリン市会および国会に社会民主党員として関与。一八八六年以後もっぱら政治に没頭し、一八九〇年社会民主党の幹部として（とくに党財政上で）重きをなした。

(82) 政党幹部秘密会（Caucus） 選挙・指名または党の政策にかんし、総会にかけるまえにあらかじめ打ち合わせる必要から生じた政党幹部の黒幕会議。一八世紀にジョン・アダムズがボストン市でこの種の会議を開いたのがはじまり。以後急速に発達をとげ、政党政治すなわち多数支配の欠くべからざる制度となった。アメリカでは、連邦・州・地区・自治体と連なる政党制度に対応した秘密幹部会のヒエラルヒーが形成されたが、ジャクスン大統領によるスポイル・システムの実施以後効力を失った。

(83) 人民集会的共同体（Dinggemeinde） ディング（thing, thinx より出ず）とは古ゲルマン人の人民集会、裁判集会および軍事集会、ならびに裁判のおこなわれる場所をいう。ディングには、(1)共同体の自由人が、召集命令なしに一定時（おおむね年三回）に集まるばあいと、(2)召集命令をうけた者に出席者をかぎるばあいとある。

(84) マルク共同体の長（Obermärker） 古ゲルマン人の自給自足的な地縁的村落共同体であるマルク共同体（Markgenossenschaft）の統率者あるいはマルク共同体成員の裁判集会を主宰する長。マルクの長はマルク成員によりえらばれる。

(85) ハスバッハ（Wilhelm Hasbach, 1849～1920） ドイツの経済学者。ケーニヒスベルク（一八八八年）、キール（一八九三～一九〇七年）の各大学教授。新歴史学派にぞくして活躍し、ケネー研究、そしてとくにアダム・スミス研究に足跡を残した。また『近代民主制』（一九一二年）において、独自の立場から民主制にたいする批判をおこなった。

(86) イギリスにおける一八六七年の選挙法改正。新興市民階級による民主主義的議会改革運動は、一八三一年の選挙法改正案の成立をもたらしたけれども、労働者階級は参政権を与えられるにいたらず、チャーティスト運動（一八三五～四八年）をひきおこした。それ以後二〇年、ついに一八六七年の改正で新たに小市民層および都市の労働者に参政権が与えられ、イギリス議会政治は一新された。

(87) エドワード七世（Albert Edward VII, 1841～1910） 二〇世紀初頭一〇年間王位についたイギリス王。ブーア戦争で不評な国際世論を好転させ、ドイツの冷淡を警戒し、君主国にふさわしい光輝ある儀礼を回復した。

(88)　近代国家の支配者が国家の第一級の公僕と自称した例としては、たとえばプロイセンのフリートリヒ二世があげられる。王は大プロイセン国家の基礎を築いたまれにみる文武の才にすぐれた啓蒙的専制君主で、産業・交通・学術を奨励し、宗教を寛容し、裁判制度を改めた。

(89)　ディオクレティアヌス王朝（Diokletianische Monarchie）　ローマ皇帝ガイウス・アウレリウス・ヴァレリウス・ディオクレティアヌス（二四五～三一三年）により建設された東洋的専制君主国。二八四年即位以来帝国の国力回復を図り帝国を四分して三人の将軍に統治させ、みずからは小アジア・エジプトの東方地域を支配し、かつ全帝国領域を統轄した。

(90)　古典荘園制度（Villikationsordnung）　農民保有地と領主本領直営地とから構成され、封建地代のもっとも端緒的な形態である労働地代の収取・給付を中心に組み立てられている荘園。農民は一週の一部分で自己の保有地を自己のために耕作し、週の他の部分を領主本領直営地で賦役をおこなう形で地代を領主に給付した。

(91)　シュミット（Richard Schmidt, 1862～1944）　ドイツの法学者。フライブルク（一八九一年）、ライプツィヒ（一九一三年以降）各大学教授。民法・刑法にくわしく、訴訟手続き、裁判制度など司法関係の著書が多数ある。

(92)　メンデルスゾーン（Albrecht Mendelssohn-Bartholdy, 1874～1936）　ドイツの法学者。ヴュルツブルク（一九〇五年）、ハンブルク（一九二〇年）各大学教授、一九二三年以後同大学国際政治研究所所長。国際法、国際事情にくわしく、この方面で多くの著書をものした。

(93)　事実訴権（actiones in factum）　共和制時代に、政務官とくに法務官は、審議に先立って、陪審員を拘束すべき一つの法を示し、それにもとづいて裁判がおこなわれた。これが法務官の訴訟告示であって、訴訟理由はたいてい具体的事実によってでなく法律概念によって定義されねばならなかった。しかし、実体化の原則に対立するこのような訴訟手続きも、はじめは訴訟事実の陳述をかなり含んでいた。法律訴権に対立する事実訴権とは、告示をおこなう政務官、とくに法務官がその訴訟告示を純事実的な構成要件にむすびつけるばあいをいう。

(94) 予防法学（Kautelarjurisprudenz） ローマの法学者は両当事者のために陳述形式の草案をつくり、専門家として政務官が告示を作成するのに諮問をおこない、陪審員にたいして訴訟告示の解釈の相談にあずかった。かような法律顧問の個人的創意による法の創造活動を予防法学という。

(95) 解答の慣例（Responsenpraxis） 共和制末期しだいに力をえてきた法学者の意見が帝政時代に入って皇帝の重視するところとなり、かれらにいわば立法権を賦与するまでとなった。アウグスティヌス帝以後、皇帝は具体的訴訟について法学者の意見を求め、解答権をもつ特定法学者の意見（responsa）にたいし裁判官を拘束する権をみとめるにいたった。

(96) ラビ（Rabbiner, Rabbi） 語義は「わが主」、ユダヤ教の専門的法律学者（同時に説教者、宗教生活の監視者）の尊称。前三〇年頃から用いられた。新約ではこれとちがった意味で用いられる。

(97) マオナ団（maonae） 中世イタリア共和国（たとえばジェノヴァ）における一種の海賊的植民企業。株式合資会社の形式で資金を調達し、傭兵をやとって大規模な植民戦争をおこない、共和国の保護下で植民地を搾取した。

(98) リービッヒ（Justus von Liebig, 1803～73） ドイツ近代の大化学者。一八二六年ギーセン大学教授。ここに大規模な化学実験室を設置し、基礎的自然科学や生産技術の試験研究を興し、また科学技術者の養成に偉大な貢献をした。

(99) グレゴリウス七世（Gregorius VII, c.1020～85） トスカナ生まれのローマ教皇。在位の間（一〇七三～八五年）教皇権の確立とローマ教会の浄化に努め、神聖ローマ皇帝ハインリヒ四世とはしばしば衝突した。

(100) ピウス十世 (Pius X, 1835～1914) ローマ教皇。一八八四年司教、一八九三年枢機卿となり一九〇三年教皇の位につく。一九〇七年教書および回勅を発してカトリシズムを強調し近代主義を排撃した。

(101) ハンザブント (Hansabund für Gewerbe, Handel und Industrie) 一九〇九年六月ベルリンに設立された政党。商工業者の職業的利害の代表をめざす政治的組織で、主に経済政策上の情報活動をさかんにおこない、一九二六年には個人加入一万四〇〇〇人のほか、二三二加盟団体四〇万人を擁するにいたっている。

(102) ルロア・ボーリュウ (Anatole Leroy-Beaulieu, 1842～1912) フランスの史家。とくにロシア史に造詣が深く、『ツァーの帝国とロシア人』(一八八一～八二年) のほかに、『革命と自由主義』(一八九〇年)、『キリスト教と民主主義、キリスト教と社会主義』(一九〇三年) などがある。

(103) 運河法案叛逆者 (Kanalrebellen) 一八九九年のドイツ帝国議会で、中央ドイツ工業地帯運河の建設法案が日程にのぼったとき、それに反対利害をもつ保守主義的ユンカー党はこの計画にたいする反対闘争にでた。カイザーはこの法案に賛成投票するようかれらに命令したが、かれらのうち、とくに保守的な有力な行政官の一群はこの命令に敢然として立ちむかった。

(104) 総理衙門 (Tsungli-Yamen) 清の文宗皇帝が一八六一年にもうけた官庁で、とくに清と外国との国交の衝に当たったもの。これはのちに (一九〇一年) 外務部 (Weiwupu) にとってかえられた。

(105) 文官制度改革 (civil service reform) ジャクスン大統領が実施したスポイル・システム (党派的な立場から政党に功労のあった者を官吏に登用する) の弊害がいちじるしく、政党の猟官主義や官紀の紊乱と事務能率の低下をきたしたので、一八八三年スポイル・システムを廃し、実績主義にもとづいて清廉潔白な専門資格をもった官吏を任用する官吏法を制定した。

あとがき

晩夏とはいえ酷暑の続くとある日、一通の書翰が鎌倉の旧宅から転送されてきた。講談社編集部の姜昌秀氏からの、旧訳(有斐閣版)の再出版に関する丁重なご依頼であった。これには一瞬眼を疑ったものである。なにしろ、旧訳(みすず書房版)以来およそ半世紀ものあいだお蔵入りしていた代物で(そのうち一部分は一度日干ししたけれども)、文体も古く時代おくれの訳業なので、とても世に問えるものとは思われなかったからである。固辞したのだが、氏の熱意にほだされ、旧訳のままでもよいということで、どうやら出版の運びとなった。これひとえに、ウェーバーの卓越した業績のおかげであるというほかはない。

いささか私事にわたるが、本書訳出のいきさつについて簡単にふれておこう。訳者はもとよりウェーバーの専門研究者ではなく、主として階級論の視点から産業・労働の分野の研究にたずさわっていたのだが、一時方向を見失い、スランプ状態におちいっていた。そのとき、指導教官以外の先生から、ウェーバーを訳してはどうか、とのお話があり、大著『経済と社会』のごく一部分を訳出することになった。しかし、いざ翻訳という段になると、ウェーバーの難解な文体と該博な知識、とくにグローバルな法制経済史上の記述には圧倒され、訳出は難航をきわめた。それでもどうやら曲がりなりにも仕事を終え、ウェーバーの呪縛から解放されたときの喜びはひとしおであった。今では我が若かりし日のなつかしい想い出となっている。

その後、訳者の関心は産業・労働の分野から階級問題の周辺へともどり、新旧中間層の全般的落層化、中流意識の幻想性、家庭と職場にわたる性差別の温存といった諸問題にかかわって今日にいたっているが、やはり若いときに受けたウェーバーの影響は強烈で、いまなおその消しがたき烙印をぬぐいきれないでいるように思える。いまさらながら、学問の栄枯盛衰を越えたウェーバーの偉大さを想わずにはいられない。

最後になるが、すでに博物館入りした拙い旧訳を発掘し、ふたたび陽の目を見るように尽力された編集部の姜昌秀氏にお礼を申し上げたい。

二〇一一年一二月

濱嶋　朗

解説

橋本　努

カール・マルクスと並び称される社会科学の巨匠、マックス・ウェーバー（一八六四―一九二〇）には、二冊の主著があると言われる。その一冊は『宗教社会学論集』であり、このなかから有名な『プロテスタンティズムの倫理と資本主義の精神』のほか、『古代ユダヤ教』、『宗教社会学論選』、『儒教と道教』、『ヒンドゥー教と仏教』などの邦訳が刊行されている。もう一冊の主著は、まるで電話帳のような厚みのある大著『経済と社会』で、このなかからは、『社会学の基礎概念』、『支配の社会学Ⅰ、Ⅱ』、『宗教社会学』、『都市の類型学』、『法社会学』などの邦訳が刊行されている。『権力と支配』と題される本書は、ウェーバーの大著『経済と社会』のなかの理論的な部分、とりわけ「支配の諸類型」に関して、いわばハイライト的に訳出したものである。訳された部分としては、別の邦訳書『支配の諸類型』（創文社）や『官僚制』

（創文社、のちに角川文庫を経て恒星社厚生閣より改訳版刊行）とも重なる。ただ邦訳『支配の諸類型』は、原文を忠実に、したがって難解な文章を正確に訳しているのに対して、本書はできるだけわかりやすく、「原意」を的確に表現するという方針で訳されている点に違いがある。また邦訳『官僚制』は、初出としては本訳書とほぼ同時期に翻訳されたものである。

おそらく本書は、ウェーバーの著作全体への入門書として、相応の位置を占めているだろう。一般的には『プロテスタンティズムの倫理と資本主義の精神』がよく読まれているが、宗教を離れて、近代の世俗社会全般、あるいは政治思想について学ぶ場合には、本書がその導入になる。ウェーバーの二つの講演録、『職業としての学問』と『職業としての政治』（いずれも小著）をそれぞれ読んだら、次に挑戦したいのが本書だ。

それにしても本書は、体系的な枠組みのなかに数々の洞察をちりばめた理論書であり、読者はもしかすると、いったい何のための理論なのかについて、見通しが立たなくなるかもしれない。そんな疑問に対しては、およそ次のように応えることができるだろう。

一つには、これほど豊かに社会理論を展開したのは、やはりウェーバー以外にいないのであって、私たちはその粘り強い思考から、多くを学ぶことができる。社会科学というのは「仮説」と「実証」で勝負すべきだという人もいるが、社会科学においてのみならず、実社会の多くの場面で問題になるのは、まずもって言葉の定義である。重要な用語をしっかり定義しておかないと、私たちは議論の前提からして、あやふやになってしまう。そうならないための訓練（教養）として、本書の概念分析は熟読に値するだろう。

例えば私たちは、「封建的」という言葉を、あいまいに用いていることが多い。「封建的」という言葉は、因習的、軍事主義的、あるいは家産制的などの意味で使われている。けれどもウェーバーに従えば、こうした特徴づけは、すべて不正確であって、「封建制」の純粋な特徴は、まったく別の点にあるというのだから驚きだ。詳しくは本書の説明に譲るが、とりわけ、近代西洋の官僚制が生み出される土壌となった「レーエン（知行）封建制」は、臣下（行政幹部）が首長に従属するような「家産制」とは異なって、それぞれの臣下が自身の「騎士的な名誉感情」を基礎として、首長とのあいだに個人的な「契約（忠誠誓約）」を結び、その契約を通じて給付のチャンスを得る点に特徴がある。このような封建制は、正当な支配の三類型という本書の理論的観点からすると、「伝統的支配」でも「カリスマ的支配」でもなく、むしろ近代の

「合法的支配」にいたるまでの過渡的で不安定な形態として位置づけられる。私たちは通常、「封建社会から近代社会へ」という枠組みでもって歴史を論じるが、ウェーバーは、その思考枠をもっと大きな構図のなかの一部に位置づけて、「封建制の脆さ」を浮き彫りにしたのであった。

むろん、封建社会よりも、近代社会のほうが不安定である、と考える人もいるだろう。多くの社会学者が指摘するように、近代社会は人々の紐帯をゆるめ、人々を「孤立化（アトム化）」させてきたからである。では、封建社会に戻れば、社会は安定するのだろうか。そうではない、というのがウェーバーの分析から得られる知見である。天邪鬼《あまのじゃく》に聞こえるかもしれないが、理想を過去に投影するという思考を排して、社会の現実を徹底的に比較分析するというウェーバーの姿勢が、ここにも貫かれている。

ウェーバーの理論には、もう一つの意義がある。イデオロギーの問題を、実効性の観点から解明している点である。ウェーバーは、「善い社会」とはどんなものかについて、ストレートに理論化するような思想家ではなかった。その代わりに「社会学（とりわけ比較社会分析）」という武器を用いて、次のようなアプローチをとった。私たちは、この社会を超えて、もっとローカルな共同体（地域コミュニタリアニズムの社会）がいいとか、もっと支配を極小化した社会（共和主義の社会）のほうがいいとか、もっと経済的に自由な社会（古典的自由主義の社会）がいいとか、さまざまな思想信条を抱くであろう。けれどもそうした理想は、社会構造の面で大きな制約を受けている。もしそのような理想の一つを本気で望むとしたら、私たちはさまざまなデメリットやパラドックスに苛まれてしまう。近代社会は、さまざまな理想を飲み込むほどの圧倒的な構造として現れるのであって、ある意味で、私たちが手放しでコミットメントできるようなイデオロギー体系は存在しない、というのがウェーバーのメッセージなのであった。

例えば、「支配を極小化した社会」という理想は、官僚たちの執行機能を殺ぐための手段として、官僚たちの在職期限を短期間に限定するとか、その他さまざまな手段に訴えるだろう（本書第一部第十章「没支配的団体行政と代議行政」を参照）。けれども、そのような手段で官僚支配を制約すると、国家は、行政処理能力の点で用をなさなくなる。あるいは反対に、官僚制の徹底によって、資本主義を駆逐し、社会主義計画経済を推進すべきだと考える人もいるだろう。だがこの立場は、そもそも官僚制の存立条件が、市場における貨幣経済を前提とすることを無視している（つまり、社会主義計画経済の下では官僚制は機能しない）、とウェーバーは指摘する。

それでは、産業革命以降のイギリス社会のように、小さな政府のもとで資本主義経済を発展させるという、「古典的自由主義」の理想を追求することはできるだろうか。ウェーバーによれば、このモデルは、私生活に余裕があって、「政治のために生きる」ことができる人たち（＝「門閥層」）によって運営されたからこそ、成功したのだという。ところがウェーバーが生きたドイツでは、そのような門閥層は未熟であり、決して効率的な官僚制に代わりうる選択肢ではありえないという。

ウェーバーはこのように、さまざまな理想が、結局のところ社会の発展を導くための指針ではないことを明らかにしていく。とはいっても、ウェーバーには、一つの理想のビジョンがあった。本書第一部第七章の「カリスマの没支配的意味転換」でも展開されているように、それは、人民投票制によって選出されたカリスマ的指導者（例えば大統領）と、それを支える「精密なマシーン」としての行政幹部（「官職カリスマ」とも呼ばれる）によって運営されるような、事務処理能力に長けた近代国家である。ウェーバーによれば、合法的な支配といえども、実際には多様な「威信」への信仰によって支えられる必要があるのであって、たんなる合法的な社会というのでは不安定である。合法的な支配は、それが継続するにつれて、いかに合法的といえども、それは「慣れ親しんだ結果」としての伝統的な正当化に陥ってしまう。その伝統が打破されるところでは、社会はいつでも不安定になりうるというのである。社会が不安定にならないためには、近代社会は、カリスマの自己刷新力を制度的に取り入れる必要がある、というのがウェーバーの関心であった。本書で論じられる「カリスマの反権威主義的意味転換」は、この点で重要な意義を持っている。

もちろん、ウェーバーの理想に賛同しない人もいるだろう。本書の訳者、濱嶋朗先生もまた、ネオ・マルクス主義の立場に立って、ウェーバーを批判的に乗りこえようとしていた。濱嶋先生は、一九五四年に刊行された本書のみすず書房版解説のなかで、次のように評している。「……プロレタリア化への一義的傾向を否定し官僚主義化への傾向を力説するウェーバーは、資本主義的階級社会における人間の自己疎外なる事実を正しく把握するにはいたらなかった。近代社会が包蔵するあらゆる非合理は、この意味での合理性概念に掩《おお》い隠されてしまうからである」と（また、濱嶋先生の主著『現代社会と階級』東京大学出版会、一九九一年も参照）。濱嶋先生は具体的に、同解説のなかで、だいたい次のようにウェーバーの官僚制論を批判している。
(1)官僚は、専門的な能力を身につける一方で、他分野の仕事には適応できず、専門閉塞に陥ってしまう。その結果として、官僚制の構造全体が変化する状況において は、適応能力に不足してしまいがちである。(2)官僚たちは、規則を遵守しようとする義務感情から、手段を自己目的化して、わずらわしい規律や礼法を生み出すという悪弊に陥ってしまう。⑶官僚たちは、年功序列制度のもとで、一方では職務への忠誠義務を果たしつつも、小心翼々としているような、一種の保守主義的傾向を育んでしまう。⑷官僚たちは派閥集団を生み出して、自分たちの集団に不利な革新に対して強く抵抗する傾向にある。⑸官僚たちは、上司に対しては絶対服従の態度を示す一方で、一般の市民に対しては非人間的に接し、権威をふりかざして傲慢な態度をとる傾向にある。⑹官僚制は、一方では形式的な合理性を追求しながらも、実際にはインフォーマルな組織を生み出してしまう。

こうした欠陥をウェーバーが指摘できなかったのは、ウェーバーの分析が、あくまでも「理念型」にもとづく概念構成の分析であったからではないか、というのが濱嶋先生の疑念であった。ひるがえって現代の日本社会に目を向けると、私たちは、3・11以降の福島第一原発事故を受けて、技術官僚主導にもとづく政府の原子力エネルギー政策を、抜本的に見直すことが求められている。電力エネルギーの供給は、いったい官僚主導の計画経済に任せておいてよいのだろうか。それは効率的で合理的なのだろうか。こうした関心から、ウェーバーの官僚制論を批判的に読み込む意義は、大いにあるだろう。

最後に、本書をその一部とするウェーバーの大著『経済と社会』は、遺稿にもとづいて編さんされたため、版によって構成が異なり、正しい構成をめぐる論争が生じている点に、読者の注意を喚起したい。詳しくは、折原浩著『ヴェーバー『経済と社会』の再構成 トルソの頭』東京大学出版会（一九九六年）の序章「問題の所在」を参照されたい。

（北海道大学教授）

ま

み

む

め

も

せ

そ

た

さ

し

く

け

こ

き

索引

あ

い

う

え

お

か

KODANSHA

本書の原本は一九六七年三月、有斐閣より刊行されました。文庫化にあたっては一九八八年八月刊の新装版を底本としました。

マックス・ウェーバー（Max Weber）

1864～1920年。ドイツの社会学者，経済学者。「理念型」概念による把握や「価値自由」を提唱し社会科学の方法を整備した。著書に『社会科学の方法』『社会主義』『経済と社会』など。

濱嶋　朗（はましま　あきら）

1926年生まれ。東京大学文学部社会学科卒業。東京学芸大学名誉教授。著書に『ウェーバーと社会主義』『現代社会と階級』，訳書にウェーバー『家産制と封建制』などがある。2016年没。

講談社学術文庫

定価はカバーに表示してあります。

権力《けんりょく》と支配《しはい》

マックス・ウェーバー／濱嶋《はましま》　朗《あきら》 訳

2012年1月11日　第1刷発行
2023年6月9日　第19刷発行

発行者　鈴木章一
発行所　株式会社講談社
東京都文京区音羽2-12-21 〒112-8001
電話　編集（03）5395-3512
販売（03）5395-4415
業務（03）5395-3615

装　幀　蟹江征治
印　刷　株式会社ＫＰＳプロダクツ
製　本　株式会社国宝社
本文データ制作　講談社デジタル製作

ISBN978-4-06-292091-9

「講談社学術文庫」の刊行に当たって

これは、学術をポケットに入れることをモットーとして生まれた文庫である。学術は少年の心を養い、成年の心を満たす。その学術がポケットにはいる形で、万人のものになることは、生涯教育をうたう現代の理想である。

こうした考え方は、学術を巨大な城のように見る世間の常識に反するかもしれない。また、一部の人たちからは、学術の権威をおとすものと非難されるかもしれない。しかし、それはいずれも学術の新しい在り方を解しないものといわざるをえない。

学術は、まず魔術への挑戦から始まった。やがて、いわゆる常識をつぎつぎに改めていった。学術の権威は、幾百年、幾千年にわたる、苦しい戦いの成果である。こうしてきずきあげられた城が、一見して近づきがたいものにうつるのは、そのためである。しかし、学術の権威を、その形の上だけで判断してはならない。その生成のあとをかえりみれば、その根は常に人々の生活の中にあった。学術が大きな力たりうるのはそのためであって、生活をはなれた学術は、どこにもない。

開かれた社会といわれる現代にとって、これはまったく自明である。生活と学術との間に、もし距離があるとすれば、何をおいてもこれを埋めねばならない。もしこの距離が形の上の迷信からきているとすれば、その迷信をうち破らねばならぬ。

学術文庫は、内外の迷信を打破し、学術のために新しい天地をひらく意図をもって生まれた。文庫という小さい形と、学術という壮大な城とが、完全に両立するためには、なおいくらかの時を必要とするであろう。しかし、学術をポケットにした社会が、人間の生活にとってより豊かな社会であることは、たしかである。そうした社会の実現のために、文庫の世界に新しいジャンルを加えることができれば幸いである。

一九七六年六月

野間省一

政治・経済・社会

政治・経済・社会

アダム・スミス　自由主義とは何か
水田　洋著

自由主義経済の父A・スミスの思想と生涯。英国の資本主義勃興期に「見えざる手」による導きを唱え、経済学の始祖となったA・スミス。その人生と主著『国富論』や『道徳感情論』誕生の背景と思想に迫る。

1280

スモール イズ ビューティフル再論
E・F・シューマッハー著／酒井　懋《つとむ》訳

人間中心の経済学を唱えた著者独特の随筆集。ベストセラー『スモール イズ ビューティフル』以後に雑誌に発表された論文をまとめたもの。人類にとって本当の幸福とは何かを考察し、物質主義を徹底批判する。

1425

恋愛と贅沢と資本主義
ヴェルナー・ゾンバルト著／金森誠也訳

資本主義はいかなる要因で成立・発展したか。著者はかつてM・ウェーバーと並び称された経済史家。「贅沢こそが資本主義の生みの親の一人であり、人々を贅沢へと向かわせたのは女性」と断じたユニークな論考。

1440

プラトンの呪縛
佐々木　毅著

理想国家の提唱者か、全体主義の擁護者か。西欧思想の定立者・プラトンをめぐる論戦を通して、二十世紀の哲学と政治思想の潮流を検証し、現代社会に警鐘を鳴らす注目作。和辻哲郎文化賞、読売論壇賞受賞。

1465

現代政治学入門
バーナード・クリック著／添谷育志・金田耕一訳（解説・藤原帰一）

「政治不在」の時代に追究する、政治の根源。政治は何をなしうるか。我々は政治に何をなしうるか。そして政治とは何か。現代社会の基本教養・政治学の最良の入門書として英国で定評を得る一冊、待望の文庫化。

1604

君主論
ニッコロ・マキアヴェッリ著／佐々木　毅全訳注
大文字版

近代政治学の名著を平易に全訳した大文字版。乱世のルネサンス期、フィレンツェの外交官として活躍したマキアヴェッリ。その代表作『君主論』を第一人者が全訳し、権力の獲得と維持、喪失の原因を探る。

1689

《講談社学術文庫　既刊より》